マイナンバーはこんなに恐い！

国民総背番号制が招く〝超〟監視社会

黒田　充

日本機関紙出版センター

はじめに

マイナンバー制度がいよいよスタートしました。

本書を手にとっていただいたみなさんに、最初に私の考えを表明しておきます。「マイナンバー制度は直ちに中止し、廃止せよ」です。理由は、1つにはプライバシーの権利が侵害されるおそれが大きいこと。2つには目的の不当性。そして、際限なき利用拡大が進められようとしている点です。詳しくは本書をお読みいただければと思います。

さて、マイナンバーの利用拡大の話が次々と出て来ています。一応頓挫したようですが、消費税率引き上げに伴う軽減措置として、マイナンバーの個人番号カードを使ってポイントを貯め還付しようという話。NHKの受信料の徴収にマイナンバーを使う話。カードを健康保険証にも使う話。さらにポイントカードやクレジットカードの機能も付けようという話。

まだ、制度は始まったばかりなのに、どうして政府はこんなに急いでいるのかとの疑問の声がたくさん聞こえてきます。

しかし、制度を推進している側から見れば、「私たちは何も急いではいない」なのです。国民に番号を付けて、一人ひとりを識別する総背番号制度の話が最初に出て来たのは、佐藤栄作氏が首相であった1970年です。半世紀近く前です。納税者番号にしても1978年です。当時の関係者のみなさん――ご存命ならばですが――は、長年の夢が叶ったと感慨にふけっておられることでしょう。因みに佐藤氏は、奇しくも安倍現首相の大叔父にあたります。安倍首相は、墓前に報告をされたかも知れません。

現在、マイナンバー制度を推進している人たちはどうでしょう。「国民の理解を得るまで50年もかかった。やっと実現できたのだから、先輩諸氏の意志を受け継ぎ、これまで温めてきた計画をどんどん実現したい」とやる気が満々なのではないでしょうか。もちろん、国民がマイナンバーに抱いている不安や、現実の暮らしかどうなっているのかなどは、彼らの眼中にはありません。だからこそ、利用拡大の話を何ら躊躇することなく矢継ぎ早に出してくる——それはもはや暴走しているようにしか見えませんが——のです。

では、こうした暴走の果てに何が待っているのでしょう。本書のテーマの1つは、実はこれです。第1章では、まずマイナンバー制度の概要について述べます。特に関心の高い個人番号を書く、書かない問題、個人番号カードは作った方が良いのか、外国ではどうなっているのかなどについて詳しく書いてみました。

第2章は、やはり関心の高い個人情報の流出問題や、プライバシーの権利について、漏れたら恐いだけではないことも含めて書いています。

第3章では、こんな問題だらけの制度をなぜ政府が始めたのかについて書いてみました。社会保障や税との関係、経済界の思惑、そして戦争法との関係などです。ここが本書の中心点の1つです。目的が分かっていなければ、制度への批判は的外れなものになってしまいます。

そして第4章は、際限なき利用拡大と、その先に何があるのかの話、要するに暴走の果てには〝超〟管理社会が待っているよと、そういう話です。

最後の第5章は、まとめ的なことと、どうすれば良いのか、ごく簡単にですが私の考えを書いてみました。

マイナンバー制度への関心は、番号通知が行われ利用が始まる中で急速に高まっています。また、署名運動が取り組まれたり、違憲訴訟が提起されたりなど、ようやくマイナンバー制度反対・廃止運動も盛り上がってきました。拙い論考ですが本書が、マイナンバー制度の本質についてのより活発な議論や、廃止への運動の一助になれば幸いです。

第1章

マイナンバー制度とは

1　制度の目的と2つの番号

■「マイナンバー」は愛称

２０１５年10月5日、12桁の個人番号が住民登録（住民票）のあるすべての人に付番されました。そして、２０１６年1月1日からは、国の行政機関や地方自治体などに出す申請書等に個人番号の記入を求められるようになりました。国民総背番号としてのマイナンバー制度が、いよいよスタートしたのです。

ところで「マイナンバー」は、政府の番号制度創設推進本部が公募に基づき、２０１１年6月30日――民主党の菅内閣の時代――に決定したいわゆる「愛称」です。では正式な制度の名称はというと、これがどうもはっきりしません。現在、マイナンバー制度を所管する省庁である内閣官房が提供している「マイナンバー」のホームページ（http://www.cas.go.jp/jp/seisaku/bangoseido/　以下「内閣官房のページ」とします）には「社会保障・税番号制度」と書かれています。しかし、これが正式な名称であるとの根拠はありません。「マイナンバーと決まりました」とする番号制度創設推進本部の文書には「社会保障・税に関わる番号制度」とありましたし、それ以前には「社会保障と税の共通番号」や「税と社会保障の共通番号」との表現もなされていました。

では法律ではどうなっているのでしょう。マイナンバー制度の根拠法は「行政手続における特定の個人を識別するための番号の利用等に関する法律」（２０１３年5月24日成立）です。長いですね。

「行政手続における特定の個人を識別するための番号」とは、マイナンバー、すなわち個人番号のことです。法律は、この番号を利用することなどについて定めているのです。あんまり長い名前なので、略して番号法とかマイナンバー法とか一般には言われています。

本書では、以下、法律については番号法と、制度についてはマイナンバー、もしくはマイナンバー制度とします。

■マイナンバー制度の目的・メリット

番号法は3つの関連法案とともに２０１３年5月9日衆議院本会議で、5月24日参議院本会議で、それぞれ可決され、成立しました。法案に賛成したのは、自民党、公明党、民主党、みんなの党、日本維新の会など、反対したのは共産党、生活の党、社民党などでした。因みに、２０１６年1月1日に同法が施行——番号の付番の部分については２０１５年10月5日——されマイナンバー制度がスタートしたのは、附則で3年を超えない範囲で施行するとなっていたからです。

さて肝心のマイナンバー制度の目的は何でしょうか。内閣官房のページにある広報資料「一般の方向け　広報資料の全体版　平成27年11月版」（以下「広報資料全体版」とします）には「番号制度は、複数の機関に存在する個人の情報を同一人の情報であるということの確認を行うための基盤であり、社会保障・税制度の効率性・透明性を高め、国民にとって利便性の高い公平・公正な社会を実現するための社会基盤（インフラ）である」としています。また、Q&Aには次のように書かれています。

Q1－3　メリットはなんですか？

A1－3　社会保障・税に係る行政手続きにおける添付書類の削減やマイナポータルのお知らせサービス等による国民の利便性の向上に加え、行政を効率化して人員や財源を国民サービスに振り向けられること、所得のより正確な捕捉によりきめ細やかな新しい社会保障制度が設計できる等の利点があります。（2014年6月回答）

これだけ読むと何か素晴らしい制度のように思えますが、こうした説明は本当に正しいのでしょうか。本書では、以下、マイナンバー制度の概要を見たうえで、制度の本当の狙いや問題点について考えてみたいと思います。

■生涯不変の〝秘密の番号〟――個人番号

マイナンバー制度は、個人に番号を付けるものですが、法人などにも法人番号が付番されています。それぞれどういうものか簡単に説明します。

まず個人番号です。最近は、マイナンバーと呼ばれることが多いようですが、以下では、制度としてのマイナンバーと区別するために個人番号と表記することにします。

個人番号は、一人ひとりを識別するために付けられた12桁の数字です。同じ番号を持つ人はいないし、番号を指定すれば個人を特定できる、そういう性質の番号です。個人番号の付番は、市町村長が住民票に新たに記載することで行われました。番号法は2015年10月5日に施行されましたから、その日の時点で住民登録のあるすべての人――戸籍登録のある人、特別永住者、そして中・長期在留外国人――が付番の対象となりました。なお、以下では、日本国籍のある人だけでなく、特別永住者、中・長期在留外国人も含めて国民、または住民と表記します。

2015年10月6日以降に生まれた人については、出生届があると、その都度、市町村長が住民票を作成するとともに個人番号を付番し、通知カードを送ることになります。

個人番号は、法律で定められた目的以外にむやみに他人に提供することができない、〝秘密の番号〟とされています。番号は生涯不変ですが、漏えいして不正に用いられるおそれがあると市町村長が認めた場合のみ変更可能です。番号の通知は、通知カードを2015年10月から12月――当初の予定では11月中に終了する予定でしたが――にかけて、各市町村から各世帯に簡易書留で送ることで行われました。

もっとも実際の送り主は市町村から委託を受けた「地方公共団体情報システム機構（Japan Agency for Local Authority Information Systems）」（以下「J－LIS」とします）です。J－LISは、住民基本台帳ネットワーク（住基ネット）などを管理してきた地方自治情報センターを、地方公共団体情報システム機構法に基づき、2014年4月に改組し設立された組織です。地方自治体が共同して運営する組織と政府は説明していますが、実際には総務省の高級官僚の天下り先です。

■公表が原則、利用も自由――法人番号

次に法人番号です。こちらは13桁です。国の行政機関、地方自治体、会社法などの法に基づき設立登記をしている法人、設立登記はないが法人税・消費税の申告納税義務や給与等に係る所得税の源泉徴収義務を有する団体について国税庁長官が10月5日に付番し、その後、通知されました。なお、付番されていない市民団体などの任意団体が、従業員を雇用し所得税の源泉徴収を行う必要などがある場合は、国税庁に申請すれば任意に法人番号を取得することができます。ただし、個人事業者は、所得税の源泉徴収などを行っていたとしても、法人番号を取得することはできません。

個人番号は、むやみに他人に提供することはできないとされていますが、法人番号は原則秘密ではありません。特に、登記のある法人などについては、国税庁のホームページ「法人番号公表サイト」で、「商号又は名称」、「本店又は主たる事務所の所在地」とともに公表されています。また、個人番号とは違い、利用分野については限定されておらず、民間での自由な利用が前提とされています。そのため保護措置も特段施されていませんし、番号の変更も認められていません。

なお法人番号の目的について、石村耕治・白鴎大学大学院教授は「国税庁の２０１２年度末の統計によると、全国に株式会社など普通法人が約２６０万社ある。また、公益法人やＮＰＯ法人などを含む法務局に登記されている法人は約３６０万以上ある。これらの法人、さらには法人登記をしていない市民団体など任意団体に対し法人向けの共通番号をつけ〝社会保障負担や課税のまな板〟にのせることが第一の狙いである」（『共通番号の危険な使われ方』現代人文社、２０１５年）と述べています。

また、法人番号の任意取得に関連して、「市民団体、任意団体にも預貯金の付番管理などを通じて法人番号の付番の行政指導が無原則に広がれば、憲法21条1項で保障される結社権（結社の自由）が侵害されることが危惧される」としています。

■個人番号の利用と情報連携

政府は、マイナンバー制度を「複数の機関に存在する個人の情報を同一人の情報であるということの確認を行うための基盤」（広報資料全体版）と説明します。もう少し具体的にいうと、マイナンバー制度は、国の行政機関や地方自治体、日本年金機構、健康保険組合などが持っている様々な個人情報に個人番号を紐付けし、情報連携することで、業務の必要に応じて特定の人物に関する個人情報を個人番号を使って集約する、すなわち名寄せ（データマッチング）を行なうシステムです。そして、この制度を実現するための仕組みが、①法人への付番　②情報連携のための国の行政機関や地方自治体、日本年金機構、健康保険組合などを結ぶ情報提供ネットワークシステム　③本人確認のための個人番号カードです。

情報連携について、わかりやすく説明してみます。例えば、行政機関Aが業務の必要から、国民Bの介護保険に関する情報が必要だとします。現状では、Aは、市役所に対して国民Bの介護保険に関する情報を照会文書で問合わせる必要があります。照会文書が届いた市役所は、照会が法的に問題ないかを判断したうえで、回答を文書で返します。もし行政機関Aが、国民Bの所得税や年金給付の情報も必要なら、税務署や日本年金機構にも同様に照会文書を出さなければなりません。手間がかかりますし時間も必要です。

しかし、①市役所の保有する介護保険に関する情報への個人番号の紐付け　②情報連携（行政機関Aと市役所との間の情報提供ネットワークシステム）　の2つができていれば、Aは国民Bの個人番号（実際には個人番号を変換した符号）をネットワークを使って市役所に送るだけで、国民Bの介護保険に関する情報を直ちに得ることができます。この場合、市役所からの回答は自動的に行われます。

同様に、税務署、日本年金機構が保有する個人情報への個人番号の紐付けと、税務署や日本年金機構との情報連携もできれば、Aは国民Bの個人番号（変換した符号）をネットワークを使って税務署、日本年金機構に送るだけで、たちまち国民Bの所得税、年金給付の情報を得ることができます。作業は瞬時に終わります。

マイナンバー制度によって実現されるのは、こうした個人番号の付番と情報連携による名寄せであり、行政機関等は必要とするときに必要な情報を直ちに集めることができるシステムなのです。

もっとも、こうした名寄せが今すぐにできるわけではありません。行政機関等が保有している個人情報への個人番号の紐付けや、情報連携のための情報提供ネットワークシステムの構築は、これから順次行われていきます。計画では、国の行政機関などでは2017年1月から、地方自治体や健康保険組合などでは同年7月から情報連携が可能となる予定です。

2　個人番号を告げる、告げない

■どこで個人番号を求められるのでしょうか

私たちが、個人番号を求められるのは次の2つの場合です。1つは個人番号利用事務を行う国の行政機関や、市役所・町村役場（以下「市役所」とします）、日本年金機構、健康保険組合などです。もう1つは個人番号関係事務を行う勤務先などです。

まず、個人番号利用事務を行う個人番号利用事務実施者から見ていきます。一般の国民が書類などを出す国の行政機関は、ハローワークと税務署ぐらいですが、提出書類に個人番号欄があれば当然のように記入を求められます。ハローワークであれば雇用保険関係の届出、税務署であれば所得税の確定申告や相続税の申告などです。

マイナンバー制度は、社会保障・税番号制度ですから、市役所に社会保障に関わる手続き――例えば健康保険、年金、介護保険、生活保護、児童手当など――や、市町村民税など税に関わる手続きの際に、書類への番号の記入を求められることになります。また、転居・転出入、戸籍関係の手続きでも求められるようです。市役所へ住民が行う手続きは、こうしたもの以外は教育関係と施設利用ぐらいです。結局、市役所に申請などをする際には、ほとんどの場合、番号を書くことになります。

日本年金機構への扶養控除などの届出にも個人番号の記載が求められます。ただし、2015年9月の番号法改正で、日本年金機構のマイナンバーの利用は最大で2017年5月まで延期されましたので、求められるのはまだ先になります。延期の理由は年金機構で起きた個人情報の流出への対策（反省？）のために時間が必要だからです。

健康保険組合についてもマイナンバーの利用に伴い、２０１６年1月以降、順次提出する書類について番号の記入を求められることになるでしょう。また、日本学生支援機構の奨学金の貸与についても、２０１７年7月からマイナンバーの利用が始まり、個人番号の提示を求められることになります。

■雇用主にも番号を告げることが求められます

次に個人番号関係事務を行う個人番号関係事務実施者、主として従業員を雇っている雇用主などです。雇用主は従業員に個人番号の告知を求めます。これは、給料の支払いに際して源泉徴収を行った場合、雇用主は源泉徴収票に個人番号を記載し、税務署に提出しなければならないからです。正職員だけでなく、アルバイトやパートなど非正規の従業員についても個人番号が求められます。扶養控除を受ける場合は、対象とする扶養家族の個人番号も勤務先に知らせる必要があります。健康保険、雇用保険、年金の手続きのための書類についても、雇用主が役所等に提出するには、従業員の個人番号の記載が必要です。

また、原稿料や講演料の支払いを受けた場合も、支払調書を作成するために、支払者である依頼主に個人番号を告げる必要があります。支払者が多ければ多いほど、番号を告げる相手も多くなり、煩雑さとともに番号流出への不安が高まることになります。

なお、２０１５年9月の番号法改正により、銀行や郵便局、農協など金融機関の預貯金口座に個人番号を紐付けることが決まりました。２０１８年以降、金融機関に番号を告げる必要が生じます。当初は任意ですが、政府は2021年を目途に義務化を検討しています。ただし、金融機関などから番号を求められるのは2018年からだけではありません。2016年1月以降、株・投資信託・公社債などの証券取引、非課税適用の預貯金・財形貯蓄、国外送金や国外からの送金の受領などを行う際に、個人番号の告知を税法などに基づき求められます。また、生命保険会社から保険金の支払いなどのために個人番号を求められる場合もあります。

■個人番号の正しい持ち主であることの証明

個人番号を求められ、それを告げる際に、その番号の正しい持ち主（本人）であることを私たち自身が証明しなければなりません。一方、個人番号を求めた側も、相手がその番号の正しい持ち主（本人）であることを確認しなければなりません。これがいわゆる「本人確認」です。12桁の番号を暗記し「はい、これです」と書類に書いて終わりとはなりません。番号法は厳格な本人確認を求めているのです。

本人確認は通知カードだけではできません。顔写真がないので他人の通知カードを持参したのかも知れないからです。一緒に顔写真が付いている運転免許証、パスポートなどの提示が求められます。なお、通知カードがなければ、個人番号を記載した住民票の写し——市役所の窓口で請求する際に番号記載を求めると印字されます——でも問題ありません。

一方、個人番号カードには顔写真も付いていますのでそれだけで済みます。政府は、「個人番号カードなら1枚で本人確認ができ便利ですよ」と今後盛んに宣伝するでしょう。

■番号を言わない、書かないとどうなるの？

国の基本的な考えは「個人番号を告げるのは義務」です。しかし、番号法には「義務」とはどこにも書いてありません。おかしな話です。本当に個人番号がなければ、社会保障や税の事務が満足にできないのなら「義務」と書くべきです。しかし、そうは書いていない。「義務」と書かなくても、どうせ国民は、お上に逆らうことなどなく、「私だけ書かないと目立つだろう」とか、「書かないと周りに迷惑をかけるかも」とか、「役所の窓口や、職場でもめたくない」などと思って、唯々諾々と書くだろうとおそらくそう考えているのでしょう。もちろん、「義務」とは書かれていませんから、番号を書かなくても罰則を科せられることはありません。

では、番号を求められても書かなかった場合はどうなるのでしょうか。

内閣官房のページにある「地方公共団体向けＦＡＱコーナー」には次のように書かれています。

Ｑ１－８　窓口で申請者が個人番号の記載を拒否している場合、どうすれば良いですか。本人の同意なしに住基端末から個人番号を取得しても良いですか？

Ａ１－８　申請書などに個人番号を記載することが各制度における法的な義務であることを説明し、記載していただくようにしてください。それでも記載を拒否された場合は、番号法第14条第2項に基づき地方公共団体情報システム機構から個人番号を含む機構保存本人確認情報の提供を受けることはできますが、あくまで、住民基本台帳法（以下「住基法」とします）の別表に規定する事務として住基端末を利用する必要があります。なお、申請書などに個人番号が記載されてない時点では、個人番号の提供を受ける場合に該当しないため、番号法第16条の本人確認措置の義務は生じないこととなります。（2014年7月更新）

市役所の窓口で番号を書かないと、書くようにと職員から説得を受けるようです。しかし、それでも拒否すれば、職員が住基端末（住基ネットにつながったコンピューター端末）を利用して調べて書く——住民票を見て書き写すのも、おそらく問題なしでしょう——ことになるようです。

ただ気になるのは、こうした取扱いについて、「地方公共団体向けFAQコーナー」にしか書いていないことです。どこまで徹底されるのかは分かりません。政府は、こうした取扱いを可とするなら、正式に総務省令に規定するか、少なくとも事務処理要領などの通達を市町村に出すべきでしょう。

■税務署に出す書類に個人番号を書かないと

一方、国税庁のホームページにある「番号制度概要に関するFAQ」には、

Q2－3－2　申告書等に個人番号・法人番号を記載していない場合、税務署等で受理されないのですか。

（答）申告書や法定調書等の記載対象となっている方すべてが個人番号・法人番号をお持ちとは限らず、そのような場合は個人番号・法人番号を記載することはできませんので、個人番号・法人番号

の記載がないことをもって、税務署が書類を受理しないということはありません。

番号がなくても税務署は書類を受理するようです。こちらも、税務署に対して国税庁から通達のようなものは出ているのでしょうか。出ているのなら公表すべきでしょう。

FAQには、このように書かれているのですが、実際にはどうなるのでしょう。本書を執筆している2015年12月の時点ではまだ分かりません。市役所は職員が自ら調べれば済む話ですから、常識的に考えれば、わざわざもめるようなことはしないと思います。しかし、中には頑なに番号記入を求める市役所や職員が出て来る可能性があります。特に生活保護の申請の際には、強硬な姿勢に出て来るかも知れません。税務署はどうでしょう。受理するとありますが、受理した後どうするかまでは、何の約束もされていません。

■「番号を書く、書かない問題」は長くは続かない

現在、日本年金機構は、住基ネットを管理しているJ－LISに、受給者や加入者の住民票コードを情報通信回線を使って送ることで、住所異動や生死の確認などを行っています。これにより、以前は提出が必要であった住所変更届や死亡届も、また毎年提出が必要であった受給者の現況届も必要なくなりました。では、年金機構は、どのようにして住民票コードを手に入れたのでしょうか。

実は、年金機構の前身である社会保険庁は2006年頃から受給者の住所、氏名、性別、生年月日をJ－LIS（当時は、地方自治情報センタと呼称）に情報通信回線を使って送り、住基ネットの

情報との突き合わせを行って来ました。こうした作業をコンピューターを使って自動的に行うことにより、住民票コードを得てきたのです。その後、同様の作業は、所管する年金加入者全体へと拡大され、年金機構は２０１４年２月時点で約94％の住民票コードの収録を完了した（年金受給者に限れば２０１５年12月時点で約99・６％）としています。年金機構は、受給者や加入者本人から一々住民票コードを聞くことなく、住民票コードを年金情報に紐付けることができたのです。

なお、住民票コードの収録が１００％になっていないのは、年金機構への届出住所などと住民票の記載が異なる人がいるためです。この対策として、２０１５年４月以降、年金機構は住民票コード未収録者に「住民票住所申出書」を送付し、住民票住所などを申し出させることで、住民票コードの収録作業を進めています。２０１７年に情報連携のシステムが使えるようになれば、今度は、収録済みの住民票コードを使って、本人に聞くこともなく個人番号を得ることができるようになるでしょう。

一方、税務署は番号法の施行に伴って、年金機構と同様に住基ネットを利用できる――住基ネットの端末が実際にいつ設置されるのかは不明ですが――ようになりました。また現在、税務署と地方自治体との情報連携（国税・地方税連携ネットワークシステム）の準備が進められています。こうしたシステムが使えるようになれば、税務署は申告書類等に個人番号が書かれていなくても、日本年金機構と同様の方法で、数年のうちに自ら個人番号を取得できるようになると考えられます。

このような番号取得は、税の分野だけでなく、年金以外の社会保障の分野でも行われることになるでしょう。そうなれば、「番号を書く書かない問題」は一方的に解消され、行政機関へ申請書等を出す際に「番号を書かないことでマイナンバー制度に抵抗」も残念ながらほとんど意味がなくなってしまいます。

名寄せされるのが嫌だから、行政機関に出す申請書等に個人番号を書かないという人もいるでしょう。しかし、私たちが書かなくても行政機関などは個人番号を自ら取得し、保有する個人情報に個人番号を紐付けることができる（できるようになる）のです。書類に個人番号を書かなかったからといって、個人番号を使った名寄せが出来ないようになるわけではありません。名寄せを拒否したいのならマイナンバー制度を廃止するしかありません。

■勤務先に個人番号を告げないとどうなるの？

では、従業員が雇用主に告げなかった場合はどうでしょうか。同じく国税庁の「法定調書に関するFAQ」には、

Q1－3　従業員や講演料等の支払先等から個人番号の提供を受けられない場合、どのように対応すればいいですか。

（答）法定調書作成などに際し、個人番号の提供を受けられない場合でも、安易に個人番号を記載しないで書類を提出せず、個人番号の記載は、法律（国税通則法、所得税法等）で定められた義務であることを伝え、提供を求めてください。

それでもなお、提供を受けられない場合は、提供を求めた経過等を記録、保存するなどし、単な

る義務違反でないことを明確にしておいてください。

経過等の記録がなければ、個人番号の提供を受けていないのか、あるいは提供を受けたのに紛失したのかが判別できません。特定個人情報（個人番号をその内容に含む個人情報－引用者注）保護の観点からも、経過等の記録をお願いします。

なお、法定調書などの記載対象となっている方すべてが個人番号をお持ちとは限らず、そのような場合は個人番号を記載することはできませんので、個人番号の記載がないことをもって、税務署が書類を受理しないということはありません。

雇用主は、従業員から番号を聞くことができなくても、経過等を記録すれば、それで良しとなります。しかし、ここには重大な問題があります。経過等は、それが詳細なものであればあるほど、当該の従業員が個人番号の提供を拒否したという思想信条に関わる極めてセンシティブな、他人に知られたくない個人情報となります。「経過等の記録をお願いします」は、国税庁から求められたときには提出することが前提でしょう。このような思想信条に関わる個人情報を、もし本人の同意なく国税庁に提供するなら重大なプライバシーの侵害になりかねません。そもそも事業者に対して、経過等の記録を求め、これを国税庁に提供しなければならない法的根拠などなく、「FAQに書いたから従え」では話になりません。

もっとも、現実的には勤務先に番号を言わないことで、勤務先によっては色々と問題が生じる可能性があります。「番号がなければ給料の支払いができない」など明らかに間違った情報――単なる誤解なのか意図的なものなのかは分かりません――がインターネットに流れています。また、一部の社会保険労務士は、個人番号の通知義務を就業規則――通知しなかった場合は懲戒処分の対象として――に入れるよう企業を指導しているようです。今後、個人番号を言わないことを理由にした解雇の話や、入社時に番号を言わなかったために採用を取り消される話が、方々で出て来そうです。特に、ブラック企業と呼ばれるところで、個人番号がどのように扱われるのか私たちは注意を払う必要があるでしょう。

3 個人番号カードは必要?

■個人番号カードとは

最近は、マイナンバーカードと呼ばれることの多い個人番号カードは、小さなコンピューターであるICチップの入ったプラスチック製のカードです。表面には住民票に記載されている氏名(通称があれば並記)、住所、生年月日、性別と顔写真が、裏には個人番号、氏名、生年月日が表示されます。またICチップにも、これらの情報が記録されています。ただし、社会保障や税などに関する個人情報自体は、ICチップには記録されません。ICチップには、社会保障や税などを扱う役所のコンピューターに記録されている個人情報をネットワークを通じて引き出す際の「鍵」が入っているだけです。

個人番号カードは２０１６年1月1日以降、市町村が希望者に交付します。取得はもちろん任意です。強制ではなく、欲しい人だけです。交付を希望する場合は、通知カードと一緒に送られてきた交付申請書に顔写真を貼り同封の返信用封筒を使って返送します。個人番号カードの交付は市町村です。しかし、発行はＪ－ＬＩＳに委託されていますから、交付申請書の送り先はＪ－ＬＩＳとなります。

申請書を送ってしばらくすると、個人番号カードができたので市役所に取りに来るようにと書いた「交付通知書（ハガキ）」が届きます。窓口でカードを受け取る際には、通知カードとの交換となります。いまのところ個人番号カードは無料です。また、カードの有効期限は、10年（未成年者は5年）です。

■使い途がまだあまりない個人番号カード

では、個人番号カードはどのようなことに使えるのでしょうか。政府は、将来的にはインターネットを利用した電子申請などにも利用できるようにするとしていますが、今のところ、個人番号を行政機関や勤務先に告げる際に番号が正しく自分のものであることを示したり、レンタルショップなどで身分証に使ったりできる程度です。

ただし、地方自治体が独自に条例を定めれば、使い途を広げることが可能です。政府は、図書館カードや印鑑登録証、自動交付機やコンビニエンスストアで住民票の写し等の証明書を受け取るサービスでの利用などを具体例としてあげています。これらはこれまで住民基本台帳カード（住基カード）を使って行われていたサービスと同じものです。これまで、全国の100程度の市町村で実施されてきました。
確かにコンビニでの証明書交付は便利です。しかし、住民1人あたり年に何回利用するのでしょうか。また、こうしたサービスを実施すると、特に図書館カードにすれば、他人に知られてはならない個人番号が書かれたカードを日常的に持ち歩くことになります。

もう一つは、公的個人認証サービスでの利用です。公的個人認証は、e－Tax（税の電子申告）などインターネットを使って申請や届出といった行政手続などを行う際に、他人による「なりすまし」やデータの改ざんを防ぐために用いられる本人確認の手段です。公的個人認証サービスは、これまで住基カードに収められた電子証明書を使って行われてきましたが、マイナンバー制度のスタートともに、電子証明書は個人番号カードに収められることになりました。このため、個人番号カードの交付を受ける際には、公的個人認証の電子証明書を利用するための暗証番号の設定が必要となります。

■個人番号カードの申請は急ぐ必要なし

「個人番号カードを作る必要がありますか」とよく聞かれますが、ほとんどの人にとって、急いで作る必要はないでしょう。現在、住基カードを持っている人は、身分証として使うだけなら、住基カードの有効期間内であればそのまま使い続けることができます。住基カードに入っている公的個人認証も、電子証明書の有効期限が切れるまで使用できます。

政府は、個人番号カードには暗証番号が設定されているので落としても盗られても問題ない、安全だ、コールセンターに連絡すれば利用停止できるから大丈夫だと言います。しかし、カードに書かれた氏名や住所、生年月日、個人番号が悪用され、オレオレ詐欺や成りすましなどに巻き込まれる可能性はありますし、顔写真がストーカー行為につながるかも知れません。こうした犯罪には暗証番号は全く関係ありません。

また、コールセンターに連絡してカードの利用を停止しても、残念ながらネットを利用してカードを使うこと——今のところほとんどありません——をできなくしたり、公的個人認証を使えなくしたりするだけです。停止したからといって、表面にある氏名や住所、生年月日、顔写真、裏面の個人番号が消えてなくなるわけではありません。暴力団などの犯罪組織にカードが渡り、顔写真に似ている者を使って本人に成りすまし、知らぬ間に借金を背負わされる可能性もあります。結局、コールセンターに連絡したところで、カードの有効期限（最大10年先）が来るまで悪用される心配が続くのです。

政府は、個人番号カードを健康保険証にするなど用途拡大を考えています。政府の思惑通りに事が運んで——私は、そうならないことを望みますが——どうしても必要になったときに、申請すれば良いのです。それまではやめておくのが得策でしょう。

4　個人番号の保護とマイナポータル

■個人番号を安全に管理する義務

市役所や税務署などの行政機関や日本年金機構はもちろん、共済組合や健保組合、さらには従業員の番号を聞いた企業なども、保有している個人番号が流出しないよう安全に管理する義務があります。万が一、個人番号を含む特定個人情報を記録した特定個人情報ファイルを故意に流出させたりすると、4年以下の懲役もしくは200万円以下の罰金が科せられます。たいへん重い罰則です。

こうした管理義務は、企業や組織の規模の大小には関係ありません。中小零細企業や個人事業者でも、たとえ雇用している者が1人であっても、同等の責任を背負わされます。これが大きな負担となり、廃業をせざるを得ない事業者さえ出て来ています。

また、注意が必要なのは、「個人番号を聞く立場」になる可能性——企業の従業員としてではなく——が誰にでもあることです。NPOや市民団体などに加わり、活動を進めるための事務に携わっている方もいらっしゃるでしょう。そこで例えば、アルバイトを雇い所得税の源泉徴収を行い源泉徴収票を作成した、講師を招き講演料を支払い支払調書を作成したとします。源泉徴収票も支払調書も、税務署に提出するものです。税法に従えば、これらには、アルバイトや講師の個人番号を書く必要があります。

もちろん聞いた個人番号を安全に管理する義務は、NPOにも市民団体にも、企業などと同様に課せられます。自分は他人から番号を聞かれるだけの立場だと思っていたら大間違いになるかも知れません。

■個人情報保護委員会と厳しい罰則

２０１4年1月、マイナンバー制度のスタートに向けて、その監視・監督を行う独立性の高い第三者機関として「特定個人情報保護委員会」が、番号法に基づき設置されました。委員会の任務は、特定個人情報の取扱いに関する監視・監督（立入検査、報告徴求、指導、助言、勧告、命令等の権限の行使）、情報保護評価に関すること（指針の策定や評価書の承認）、特定個人情報の保護についての広報・啓発、これらの事務のために必要となる調査・研究及び国際協力等です。

２０１５年9月、番号法とともに個人情報保護法が改正され、同委員会は「個人情報保護委員会」に改組されました。これにより、委員会は２０１６年1月1日以降、これまで特定個人情報保護委員会が行って来た業務だけでなく、消費者庁が担当して来た個人情報保護法の所管事務や、個人情報の保護についての広報や啓発なども行うようになりました。監視・監督の範囲が、マイナンバーに関する個人情報から個人情報全般へと大きく広がったのです。

また、セキュリティ対策の一環として番号法には厳しい罰則が設けられています。先に述べたように、個人番号利用事務や、個人番号関係事務などに従事する者や従事していた者が正当な理由なく、業務で取り扱う個人の秘密が記録された特定個人情報ファイルを提供した場合、4年以下の懲役または２００万円以下の罰金が科せられます。また、国や地方自治体、Ｊ－ＬＩＳなどの役職員が職権を乱用して、職務以外の目的で個人の秘密に属する特定個人情報が記録された文書などを収集した場合、2年以下の懲役または100万円以下の罰金。さらに、人を欺き、暴行を加え、または脅迫することや財物の窃取、施設への侵入、不正アクセス行為などにより個人番号を取得した者は、3年以下の懲役または150万円以下の罰金となっています。

■個人情報を自分で守るマイナポータル

マイナポータルは、番号法に規定された「情報提供等記録開示システム」のことで、政府が国民一人ひとりに専用のホームページを提供するものです。2017年1月のサービス開始が予定されています。政府は、マイナポータルによって、個人番号を含む自分の特定個人情報を、どの行政機関が、いつ、なぜ提供したのか、不正・不適切な照会・提供が行われていないかを、自分自身でチェックできるほか、行政機関が保有する自分に関する情報を自宅のパソコン等から確認できるようになるとしています。また、行政機関からのお知らせ情報なども見ることができます。

マイナポータルを利用するには、成りすましの防止や、セキュリティへの配慮から、個人番号カードのICチップに記録された公的個人認証の電子証明書を利用（パスワードの入力も必要）します。ですからマイナポータルの利用には、インターネットにつながったパソコンとともに、個人番号カードに収められている電子証明書を読み込むためのカードリーダーが必要となります。

政府は、マイナポータルから将来的には「例えば、各種社会保険料の支払金額や確定申告等を行う際に参考となる情報の入手等」や、「引越しなどの際の官民横断的な手続のワンストップ化や納税などの決済をキャッシュレスで電子的に行うサービス」（内閣官房のページのFAQ）ができるよう検討するとしています。

5　マイナンバー制度は、こうして始まった

■国民総背番号制度とは

一口に番号制度といっても、その定義は明確ではありませんが、大きくは次の2つに分けることができます。1つは税だけに使う番号や、社会保障だけに使う番号など用途を限定した番号制度です。もう1つは、同じ番号を税や社会保障など様々な分野に共通に使うものです。後者は「国民総背番号制度」と呼ばれることがありますが、そう呼ぶには、次の4つの要件を満たしている必要があります。

①番号が、国等の行政機関によって、すべての国民に重複することなく、また漏れなく付けられていること
②番号は、国等の行政機関によって一元的に管理され、番号だけで個人を正確に特定できること
③番号は、国等の行政機関などにおいて、多目的に利用されていること
④番号をキーにして、国民の個人情報を集約する、いわゆる名寄せができること

国民総背番号ではないかと、これまで言われてきたものには1997年に導入された基礎年金番

号と、2002年スタートの住民票コードがあります。ただし、基礎年金番号は、①については年金加入者に限定されているため該当せず、②は概ね満たすものの、年金事務以外には利用できないので③は満たしません。また、④のような使い方は想定されていません。

住民票コードについては、①と②は満たしてはいますが、利用は行政機関等による住所の確認などに限定されており③は部分的に満たしているとしか言えず、名寄せには利用しないとなっていますから④もまた満たしません。よって、どちらも国民総背番号とは言えません。

一方、マイナンバーは4つの要件をすべて満たしていますから、日本初の総背番号制度ということになります。

■番号制度の3つの流れを合流させたマイナンバー

国民総背番号制度を導入しようという議論は、マイナンバー制度が登場する以前からありました。1つは、1970年にまで遡る事務処理用統一コードの検討です。これは1999年の住民基本台帳法（以下「住基法」とします）の改正により、2002年からスタートした住基ネットと住民票コードという形で制度化されました。ただし、先に述べたように国民総背番号の要件を完全に満たすものとはなりませんでした。

もう1つは、納税者番号です。1978年頃から導入が検討され、一時はグリーンカード（少額貯蓄等利用者カード）制度として実現一歩手前まで来ました。しかし、強い反対世論の前に挫折し、以降、導入議論はくすぶり続けましたが、日の目を見ることはありませんでした。

そして、3つめは小泉政権が社会保障費の削減を目的に検討していた社会保障番号です。

マイナンバー制度は、納税者番号と社会保障番号を合わせ、これを住民票コードの上に乗せる形で作られたもの、いわばこれら3つの流れを合流させることで、国民総背番号制度として実現されたものなのです。

■グリーンカードの挫折と納税者番号

1978年、税制調査会は「昭和54年度の税制改正に関する答申」に「利子・配当所得の適正な把握のためいわゆる納税者番号制度の導入を検討すべきである」との意見を盛り込みました。これは、当時、持ち上がっていた一般消費税の導入には、金融所得（利子・配当等）の分離課税を廃止し、給与所得や営業所得などと合算した総合課税にすることが前提となっていました。そのためには、誰にいくら支払ったかなど金融所得の正確な把握が必要であり、納税者番号が不可欠とされたのです。

ところが、納税者番号制度に反対する声は非常に強く、導入することは困難となりました。その代案として出て来たのがグリーンカード制度です。グリーンカード制度は、マル優（少額貯蓄非課税制度）の対象とされる非課税貯蓄の不正利用を防ぐため、金融機関へのグリーンカードの提示と、カードの交付番号の告知を義務付けることで、本人確認を確実に行おうというものでした。1980年には法案が国会で可決され準備が進められました。ところが国民の反発があまりにも強く、結局実施に至らず1985年には根拠法は廃止されてしまいました。

その後、納税者番号は何度か政府税制調査会での議論の俎上に載せられたものの、具体的に進展

図1 「『番号制度』を税務面で利用する場合のイメージ」

税務面における「番号制度」とは、国民一人一人に一つの番号を付与し、
（1） 各種の取引に際して、納税者が取引の相手方に番号を「告知」すること
（2） 取引の相手方が税務当局に提出する資料情報（法定調書）及び納税者が税務当局に提出する納税申告書に番号を「記載」すること
を求める仕組みである。

これにより、税務当局が、納税申告書の情報と、取引の相手方から提出される資料情報を、その番号をキーとして集中的に名寄せ・突合できるようになり、納税者の所得情報をより的確に把握することが可能となる。

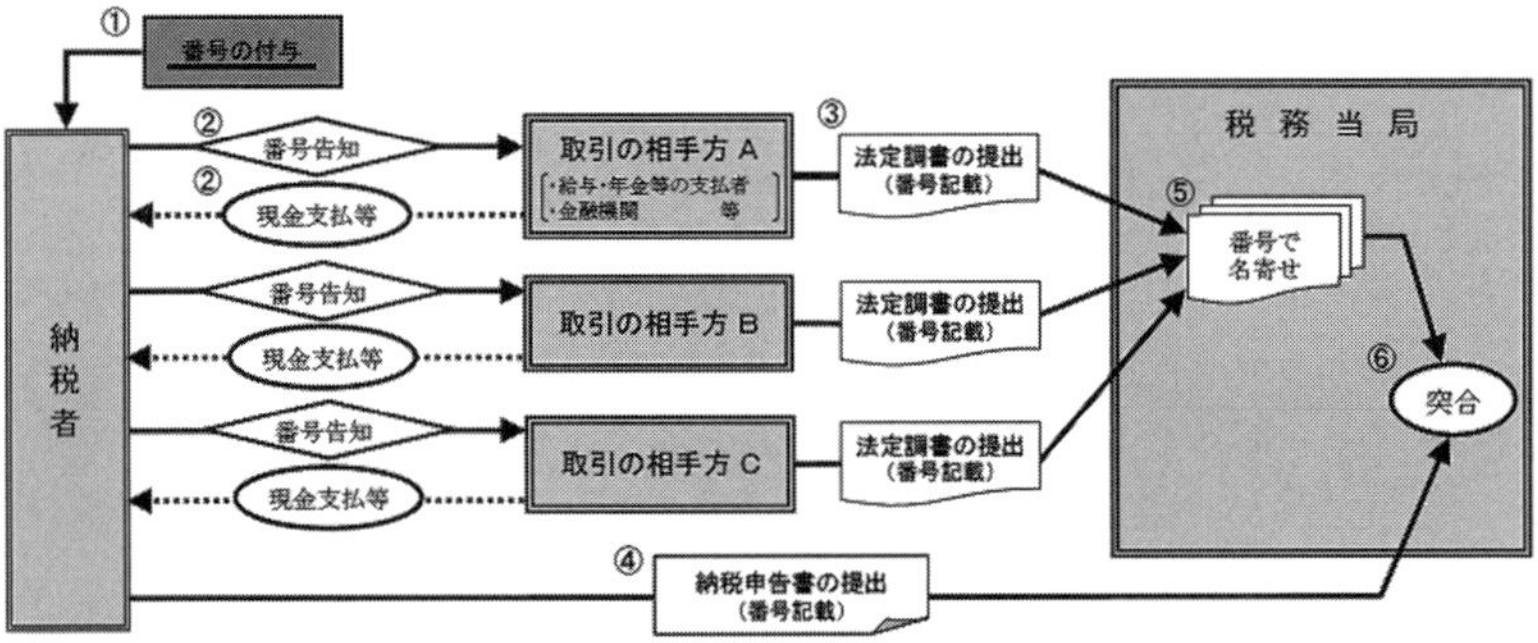

出典 財務省ホームページ

することはありませんでした。大蔵省（現財務省）の元官僚であり、熱心な納税者番号制度導入論者である森信茂樹・中央大学法科大学院教授は「税制当局にはこの後遺症から、納税者番号制度は総論で賛成していても、いざ導入となれば大変な抵抗がある、という強迫観念があり、自ら前面に出てそのメリットを述べていくということを差し控えている。政府税制調査会における議論がほとんど進展していないのはその現れである」（「納税者番号制度の本格的議論の開始を」『国際税制研究』22号）と述べています。

ところで納税者番号とはどういうものでしょうか。財務省のウェブサイトには、「『番号制度』を税務面で利用する場合のイメージ」（図1）として、「税務面における『番号制度』とは、国民一人一人に一つの番号を付与し、（1）各種の取引に際して、納税者が取引の相手方に番号を『告知』

すること（２）取引の相手方が税務当局に提出する資料情報（法定調書）及び納税者が税務当局に提出する納税申告書に番号を『記載』することを求める仕組みである。これにより、税務当局が、納税申告書の情報と、取引の相手方から提出される資料情報を、その番号をキーとして集中的に名寄せ・突合できるようになり、納税者の所得情報をより的確に把握することが可能となる」との解説が掲載されています。

■見える番号、見せる番号

内閣官房のページで公開されている広報資料全体版には、個人番号の性格について「『民－民－官』の関係で流通させて利用可能な視認性（見える番号）」と書かれています。これだけでは何のことか分かりませんが、マイナンバー制度のもととなった「社会保障・税に関わる番号制度についての基本方針」（２０１１年１月、政府・与党社会保障改革検討本部が決定）には、「民－民－官で利用可能な見える番号」について、次の様な説明があります。

例えば、A社からB個人に報酬が支払われた場合を想定すると、B個人が得た報酬を国・地方が把握するには、B個人の番号が記載された支払調書が、A社から国・地方に提出される必要がある。そのため、B個人は、自身の番号をA社に対して示さなければならない。この意味で、番号はB個人（民）→A社（民）→国・地方（官）と利用されるものである。

基本方針は、個人番号は納税者番号として利用されることから、「民」から「民」へ、そして「官」へと流通する「見える番号」だと、そう言っているのです。これを私たち納税者の立場から見れば、「見せなければならない番号」、もしくは「見せることが義務付けられている番号」となります。

多くの国民の頭の中には、政府の広報やマスコミ報道などから個人番号は、「むやみに他人に提供してはならない番号」、「秘密の番号」だとのイメージが広がっています。しかし、その一方、雇用主から、たとえ短期のアルバイトであろうと、個人番号を見せることが求められています。一体全体これはどういうことなのかと、矛盾を感じている人も多いでしょう。

しかし、この矛盾は広報や報道によって生じているものではありません。1つの番号を、本人しか知らないことを前提とした本人確認のための番号として使う一方、雇用主や支払者などの他者に「見える」「見せる」が前提の納税者番号にも使うことから生じているのです。こうした矛盾は、マイナンバーが共通番号である限り解決することはないでしょう。

■住基ネットと住民票コード

住基ネットは、「高度情報化社会に対応して住民の利便の増進及び国・地方公共団体の行政の合理化に資すること」（自治省「住民基本台帳法の一部改正案について」）を目的に構築されました。住民登録があるすべての国民に11桁の番号を住民票コードとして付番することで、国や都道府県等の行政機関などがネットワークを使って住所、氏名、性別、生年月日と、これらの異動情報を行政事務に利用できるようにしたのです。住基ネットは、1999年に改正された住基法を根拠法として

２００2年8月に稼働し、翌年には希望する国民への住基カードの交付が始まりました。

住民票コードは、当時、国民の間に高まっていたプライバシー侵害への危惧を考慮し、名寄せには利用できませんし、民間利用も禁止されています。また、商取引での利用が前提である納税者番号として使うこともできません。さらに、行政機関等の利用についても限定的です。例えば、番号法の制定に関連して住基法が改正されるまで国税庁の利用――納税者の住所確認等――はできませんでした。そのため国民総背番号として活用したい側からの評判は思わしくなく、住民票コードの付番後も、経済財政諮問会議や税制調査会などを中心に、社会保障番号など新たな番号制度導入の議論が続けられることになったのです。

なお、２００9年7月の住基法の改正により、２０１2年7月から特別永住者、中・長期在留外国人についても居住市町村において住民登録が行われ住民票が作成されました。その際に新たに住民票コードも付番されています。

■社会保障番号と社会保障カード

社会保障番号導入の話が出て来たのは新自由主義に基づく構造改革を進めていた小泉政権の時代です。当時、自己責任・自助自立をスローガンに、政府は社会保障費の大幅削減を進めていました。給付を減らすにはどうするか、対象を絞り込む、すなわち「真に支援が必要な人に対して公平な支援を行う」（骨太の方針２００１）ことが必要だと考えたのです。「真に支援が必要な人」と「支援が必要でない人」を仕分ける、ふるい分けるには、個人情報を名寄せするための仕組みが必要です。

２００２年にスタートした住民票コードを利用すれば名寄せは可能だったはずですが、住民票コードは名寄せに利用しないことを前提に導入されていました。そこで出て来たのが、新たな番号制度としての社会保障番号だったのです。

さらに２００７年になると、いわゆる宙に浮いた年金記録、消えた年金記録の問題が浮上しました。社会保険庁（現日本年金機構）は、被保険者の年金記録を一つの基礎年金番号に統合するために、１９９７年からコンピューターへのデータ入力を進めていました。ところが、その際に正確な作業が行われず、基礎年金番号に統合できていない年金記録――払い主不明の保険料納付記録――が約５０００万件、さらにコンピューターに入力されず紙台帳のまま放置されている年金記録が約１４００万件、それぞれ存在していることが分かったのです。

政府と与党の自民、公明両党は、同年７月、その解決を図るため「年金業務刷新に関する政府・与党連絡協議会」を開催し、「年金記録に対する信頼の回復と新たな年金記録管理体制の確立について」を取りまとめました。この中に、住基ネットとの連携した新たな年金記録管理システムの導入などともに、年金手帳・健康保険証・介護保険証の役割を果たす社会保障カードを２０１１年度中を目途に導入すると書かれていたのです。これが、現在の個人番号カードの原型となりました。

■共通番号制度を公約にしていた民主党

２００９年、総選挙の結果、自民党・公明党から民主党へと政権が交代しました。これにより、社会保障番号、社会保障カードの構想は、すべてストップしました。しかし、民主党は「税と社会保障制度共通の番号制度を導入する」とマニフェストに掲げていたこともあり、番号制度や番号カードに関する基本的な考え方は、社会保障制度の見直しとともに新政権へと継承――菅直人首相は、2010年6月の所信表明で「真に手を差し伸べるべき方々に重点的に社会保障を提供する」と述べています――されました。

2010年10月、政府・与党社会保障改革検討本部（本部長は菅首相）が発足し、12月には、国民の理解を得ながら共通番号制度を推進することなどを盛り込んだ「社会保障改革の推進について」を決定しました。その後、検討本部は「社会保障・税に関わる番号制度についての基本方針」（2011年1月）、「社会保障・税番号大綱」（同年6月）を矢継ぎ早に決め、共通番号制度の骨格作りを進めました。また、共通番号制度のより詳細で実務的な検討を行うために「番号制度に関する実務検討会」が設けられ、翌年4月に「社会保障・税番号要綱」を取りまとめています。

そして、2012年2月には、野田政権によって番号法案が国会に上程されました。法案は、民主・自民・公明の三党により可決へ向けた合意がなされました。しかし、11月の国会解散により、一旦、廃案となってしまいました。

そのあと誕生した安倍政権は、民主党の番号法案に一部手直しを加えただけで、2013年3月、そのまま国会に提案しました。政権交代があったにもかかわらずです。そして、その年の5月には、自民・公明・民主・維新などの賛成多数で、法案はあっけなく可決成立しました。その後、内閣府を所管官庁として、2016年1月の利用開始に向けた準備が進められることになりました。

■住基ネットは無駄だったのでしょうか

「住基ネットは結局無駄だったな」との話を最近よく耳にします。これは本当でしょうか。

2015年10月5日に住民票のあるすべての人に、12桁の数字からなる個人番号は付番されましたが、この番号は、11桁の数字からなる住民票コードをコンピューターで変換して作られたものです。ですから住民票コードがなければマイナンバーを付番することはできません。また、住民票に記載された最新の住所、氏名、性別、生年月日と、これらの異動情報を行政機関等に提供できるのは、住基ネットだけです。マイナンバー制度がスタートした後も、住基ネットはこの役割を担い続けるのです。要するに住基ネットは、マイナンバー制度を下から支える必要不可欠なシステムなのです。ですから、こうした意味では住基ネットは無駄にはなっていないと言えます。

また、これまで住基ネットは年金給付事務での現況確認（住所異動や生死などの確認）などに盛んに利用されてきました。例えば2014年8月から翌年7月までの1年間の住所、氏名等の日本年金機構を含む行政機関などへの提供件数は、延べ5億7800万件となっています。使われていないというのは誤解に過ぎません。

では、住基カードはどうでしょうか。総務省によると2014年3月末時点での累計交付枚数は約834万枚（うち有効交付枚数は約666万枚）、人口のわずか7%程度です。利用は極めて低調です。「住基ネットは無駄だった」は、おそらくこの住基カードの普及具合を念頭に置いた感想なのでしょう。今、政府は、この低調ぶりを教訓に、後で詳しく述べますが、マイナンバーの個人番号カードの多目的利用を早急に進めようと非常に力を入れています。

住基カードの新規交付は、マイナンバー制度のスタートともに停止されました。しかし、既に交付されている住基カードは、有効期間内は引き続き身分証などとして利用することが可能です。ただし、個人番号カードの交付を受ける際には、住基カードは市区町村に返納しなければなりません。

ところで、住民票コードと個人番号はどう違うのでしょうか。住民票コードは、住所、氏名、性別、生年月日と、これらの異動情報としか結びついていません。また、民間利用もできず、行政機関などで書類に記入を求められることもほとんどありません。一方、個人番号は、行政機関の保有する様々な個人情報と結びつけられる予定です。また、市役所など多くの行政機関で記入を求められますし、勤務先――民間企業も当然含まれます――にも提供されます。このように、住民票コードと個人番号は質的に大きく異なるのです。「これまでも国民には色々な番号が付いていた、マイナンバーが増えたとしても大きく変わることはない」などと思っていたら、それは全くの見当違いです。

6　番号制度はどこの国にもあるの？

■番号制度には2つの種類があります

マイナンバーの話を学習会などでするると、必ず出て来るのは、他の国ではどうなっているのかの質問です。「どこの国にもある」、「日本は遅れているのでは」との思いが背景にあるようですが、これは事実に反する「誤解」です。こうした誤解のもとは、番号制度を推進したい政府からの宣伝だけでなく、一部マスコミの間違った報道にもあるようです。

先に述べたように、番号制度は2つに分けられます。1つは、同じ番号を様々な分野に使う共通番号制度です。アメリカ、カナダ、イタリア、スウェーデン、韓国などが採用しています。もう1つは、用途を限定した番号制度です。イギリスやドイツ、フランスなどで使われているのは限定番号だけです。

日本は、2015年までは、住民票コードや基礎年金番号、健康保険の記号番号、所得税の整理番号など用途を限定した番号だけの国でした。しかし、社会保障や税など多分野で使うマイナンバー制度の登場によって、共通番号を使う国の1つになりました。

■「先進国の中で入っていないのは日本だけ」は本当でしょうか

2015年4月21日、NHKは「NEWS WEB」の「深知り」のコーナーで「マイナンバー制度準備どこまで?」と題するニュースを流しました。その中でNHKの解説委員は「番号制度が先進国の中で入っていないのは日本ぐらいのもの」との発言をしています。解説委員は、用途を限定した番号制度も日本にはないとは思っていないでしょう。ですから彼が言ったのは、マイナンバーのように税や社会保障など多分野で共通に使う番号を利用する制度のことです。これは本当のことでしょうか。

一口に先進国と言っても範囲が曖昧なので、ここはG7について見てみることにします。

アメリカでは社会保障番号（SSN）が民間も含め様々な分野で利用されています。ただし、アメリカには日本のような住民登録制度がなく、SSNの取得は国民の任意となっており、マイナンバーのような強制ではありません。アメリカでは1935年に社会保障法が制定され、翌年から、税の徴収と社会福祉給付のためにSSNの個人への付番が始まりました。戦後、納税など行政の様々な分野へと利用が広がり、民間での利用も規制されることなく拡大しました。現在では、SSNが漏洩したり、売買されたりすることなどにより、他人のSSNを不法に使う「成りすまし犯罪者天国」の状況が生まれています。こうした状況を打開するため、SSNではなく目的を限定した新たな番号を使う動きも出て来ています。

カナダでも社会保障番号が税務など多分野で使われていますが、こちらも番号の取得は国民の任意です。

■共通番号制度　イギリスは廃止、ドイツでは憲法違反

イギリスには、もともと用途を限定したいくつかの番号制度がありましたが、労働党政権の下、2006年3月に国民IDカード法が成立し、共通番号による国民ID登録簿（NIR）を新たに作成することになりました。しかし、2010年5月の総選挙で、同法の廃止を公約に掲げる保守党・自由民主党による新連立政権が誕生しました。新政権は、恒常的な人権侵害装置であるとして、同法を廃止し、NIRのすべてのデータを2011年2月までに廃棄させました。日本の反対方向へと進んでいるようです。

ドイツは、連邦税務だけに使う納税者番号を2007年7月から導入していますが、この番号を他の行政機関や民間企業などが利用することは禁止されています。これは、1983年に連邦憲法裁判所が下した国勢調査に共通番号を利用することは違憲との判決と、この判決をもとにした共通番号の導入は憲法上許されないとする連邦議会の見解に基づくものです。こうした考えの底には、ナチスにより行われたユダヤ人などへのホロコーストや、安楽死という名の障害者（児）の虐殺行為――それは個人情報を国勢調査などで集めリスト（名簿）にすることで行われました――への反省が強くあるのでしょう。

■G7の中で、マイナンバーのような制度があるのは日本だけ

フランスには、社会保障番号はありますが共通番号としての利用をしないことが国の方針となっています。社会保障番号は、もともと「ドイツに占領されていた第2次世界大戦中の1940年に1人の軍人（ロネ・カミーユ氏）によって構想され」、「ナチに対するレジスタンス用の国民台帳（本来の目的では男性のみが対象。ただ、本来目的をカモフラージュするために女性も対象者に加えた）を作成するためであった」（高山憲之「フランスの社会保障番号制度について」『世代間問題研究プロジェクト　ディスカッション・ペーパー』No.345）とされています。

フランスが共通番号としての利用をしないとしているのは、こうしたナチス時代の影があるのでしょう。なお、カミーユは、1944年2月にレジスタンスであったことが発覚し、ナチスの親衛隊により逮捕されました。その後、ダッハウ強制収容所にて囚人番号76608番を付けられ、

1945年1月25日には、収容所内で強制労働のために亡くなっています。

イタリアでは納税者番号が社会保障の分野でも利用されていますが、日本のような生涯不変の番号ではありません。

まとめると日本のマイナンバーのような共通番号制度を採用しているのは、アメリカ、カナダ、イタリア（利用は限定されており共通番号ではないとする見解もあります）に、日本も加えれば4ヶ国と多数派になります。しかし、「先進国で導入していないのは日本だけ」が事実に反しているのは、イギリス、ドイツ、フランスを見れば明かでしょう。むしろ、日本のような全国民に強制される生涯不変の番号を多分野で活用するような番号制度を採用している国は、G7には「日本以外にはない」が事実です。

■スウェーデンや韓国では

G7以外でいうと、例えば、スウェーデンでは、個人のプライバシー保護をあまり配慮することなく同一の番号を一般に公開し、多目的利用する共通番号制度が採用されています。スウェーデンでは、もともと住民の出生や死亡等は教会に届けられていました。こうした教会における住民記録管理は1571年に始まったといわれています。1686年に住民記録管理に関する統一規則が制定され、1947年には国民総背番号制度が導入されました。住民登録実務が教会から国税庁に移管されたのは1991年です。まだほんの二十数年前です。日本では考えられないことですが、スウェーデンでは教会と住民生活が密接につながっているようです。なお、同国に対しては、番号を多目的に使うことから、データ監視社会の構築を許してしまったとの厳しい評価もあります。

お隣の韓国には住民登録番号があります。1962年に制定された住民登録法に基づき導入されたものですが、もともと北朝鮮から侵入するスパイへの対策が大きな目的でした。行政での利用だけでなく広く民間でも利用されてきたため番号の流出が頻発し、プライバシー侵害や成りすまし事件がたびたび起き、大きな社会問題になっています。

2014年1月には、韓国の人口の2倍に相当する1億400万件の個人情報が流出する史上最悪の事件が起きています。クレジットカード会社から、偽造カード識別機などの製造を請け負っていた情報セキュリティー会社の社員が、USBメモリに個人情報をコピーし不正に持ち出し、その一部を売りさばいていたのです。マスコミ報道などによると、盗まれた情報には、住民登録番号に加え、名前、住所、電話番号、銀行口座番号、クレジットカードの詳細、収入、婚姻関係の有無、パスポート番号などが含まれていたようです。

こうした事件を受け、韓国でも番号制度を見直す動きが出て来ています。

第2章

プライバシーの権利とマイナンバー

1　個人情報の流出の危険性

■「芋づる式漏えい」と中間サーバー

2015年5月、日本年金機構から個人情報が流出する事件が起きました。8月21日に厚生労働省の検証委員会が出した報告書によれば、流出した個人情報は約125万件（約101万人分）にものぼりました。いわゆるサイバー攻撃を意図して送られてきたメールを年金機構の職員が不用意に開封したためパソコンがウイルスに感染し、これが年金機構内に広がったのが、その原因です。

もし、マイナンバーで同様の事件が起きればどうなるでしょう。マイナンバー制度は個人番号を共通番号として、様々な業務やサービスで利用します。そのため一旦どこかで個人情報が漏れると、流出した情報をもとに、「芋づる式の漏えい」が起きる可能性があります。政府は、個人情報はどこかに一元管理されているのではなく、マイナンバーが始まっても分散管理のままだから安全だと言います。しかし、同じ番号を様々な行政事務に使う限り、1カ所での情報漏えいが他所へと広がる可能性は捨てきれません。年金機構からの流出は、年金に関する情報だけでした。しかし、マイナンバーの場合はそれだけで終わらず、様々な行政機関へと次々に広がっていくかも知れないのです。

ところで、地方自治体から情報提供ネットワークシステムに個人情報を提供する際には「中間サーバー」を経由することになります。中間サーバーは、情報提供ネットワークシステムと地方自治体の既存業務システム等との間で、個人情報の受け渡しを行うコンピューターで、情報連携の対象となる個人情報の副本が保存されます。中間サーバーは、各自治体が独自に設けることも可能ですが、コスト削減や効率的・安定的な運用などの観点から東日本と西日本にそれぞれ1カ所の計2カ所設けられる予定です。サーバーは相互にバックアップを行うとされているので、結果的に1つのサーバーに、全国の地方自治体が持つ情報連携の対象となる個人情報が集約されることになります。これは「一元管理」ではないのでしょうか。ここをサイバー攻撃されれば、どうなるのでしょう。大規模な情報漏えいが起きるのではないでしょうか。

ところで、不思議なことですが、通知カードと一緒に送られてきた説明書（以下「説明書」とします）には、「マイナンバーを、みだりに他人に知らせないようにしましょう」、「マイナンバーが記載されている通知カードは、大切に保管してください」とはあるものの、もし個人番号が漏れたらどうなるのか何も書かれていません。セキュリティ対策や、個人情報を守る仕組みについてもありません。書かれているのは個人番号カードのセキュリティ対策だけです。書いても国民に不安を与えるだけだから、書かない方が良いとでも思っているのでしょうか。

■どこから漏れたか分かるの？

マイナンバー制度では、様々な組織――国の行政機関や地方自治体、日本年金機構、健康保険組合、共済組合、そして従業員を抱えているほとんどすべての企業など――や、様々な人が個人番号を扱います。扱うところが増えれば増えるほど、流出の危険性が増すのはいうまでもありません。と同時に、漏れたときに、それがどこからなのか分からない、流出元の特定が困難になる可能性もあります。

自転車のタイヤがパンクすれば、まずすべきなのは穴がどこにあるかを探すことです。穴が見つからなければ修理はできません。マイナンバーも同じです。

個人番号と住所、氏名、生年月日からなる情報が漏れている――例えばインターネットで拡散されている――ことが発見されたとしましょう。こうした情報は、制度が始まったことにより、市役所などの行政機関だけでなく、日本年金機構、健康保険組合、勤務先など様々なところが持つようになります。漏れた情報だけで流出元は特定できるのでしょうか。

漏れたのが特定の企業の従業員ばかりであれば、その企業が流出元だと判断できるでしょう。しかし、バラバラにされたり、他の流出情報と混ぜられたりすれば流出元を絞り込むことはたちまち困難になります。漏れたところがどこなのか分からなければ、流出を防ぐことも原因を特定することも不可能ですし、それが悪意によるものか過失なのかさえ分かりません。

また、複数の組織から個人番号を含む個人情報が漏れた場合、漏れた情報を集めて、個人番号を使った名寄せが密かに行われる可能性があります。もちろん番号法に反しますが、名寄せによって作られたデータベースや名簿を見つけ出し摘発することは、おそらく困難でしょう。

■個人番号は他人に知られても大丈夫？

ところで、世の中には「個人番号は他人に知られても大丈夫だ」と話される方がいます。おそらく個人番号だけが他人に知られる、漏れることを想定されているのでしょう。個人番号は単なる12桁の数字の並びですから、見ただけでは個人番号であるかどうかさえ分かりません。個人番号が漏れたとしても、それだけで不正行為が行われることはまずないでしょう。しかし、個人番号だけが漏れるということなど現実的にあるのでしょうか。

コンピューターで個人番号を管理している場合を考えてみましょう。表計算ソフトのエクセルで作成した表を思い浮かべてください。表の1列目にたくさんの人たちの個人番号が入力されています。しかし、2列目以降は空白で何も入力されていない。こんな個人番号しかない表に使い途はあるでしょうか。2列目には例えば氏名が、3列目には住所などが、そして4列目には××に関する個人情報が入力されているといった形が一般的でしょう。漏れて問題となるのは、こうした表自体が漏れたときと考えた方が現実的です。コンピューターで管理している場合だけではありません。紙で管理している場合も同じです。個人番号しか書いていない書類などまずあり得ません。

このように個人番号が漏れるときは、他の個人情報もセットで漏れると考えた方が現実的であり、個人番号だけが漏れることを想定しても何の意味もないのです。

ところで、個人番号カードの裏には個人番号だけでなく、氏名や生年月日も表示されています。もし、個人番号だけなら、例えばコンビニで間違って裏をコピーし、それをその場に忘れていってても、それだけでは誰の個人番号かは分かりません。しかし、氏名や生年月日も一緒にコピーされるのですから、その紙を入手した者は、個人番号が誰のものか分かってしまいます。なぜ、政府はこんなデザインをしたのでしょうか。答えは簡単です。

個人番号を勤務先に告げる際に、通知カードか個人番号カードのコピーの提出を求められることが多いようですが、通知カードの場合、表面をコピーすると番号も一緒にコピーされます。しかし、個人番号カードの場合、表をコピーすると番号が分かりません。一方、裏をコピーすると、書いてあるのが番号だけなら、誰のものか分かりません。というわけで裏にも氏名を表記しているのです。

なお、2014年の始め頃に内閣官房が示していた番号カードの案では、裏は番号だけでした。これではまずいと誰かが気付いたのでしょう。

■「人」の問題とブラック企業

より安全で確実なセキュリティの実現には、ハードウェアとソフトウェア、そして扱う人の問題を解決する必要があります。しかし、残念なことにどのような強固なハードウェアやソフトウェアを構築しても必ず穴が残りますし、新たな攻撃手法も生み出されて来ます。世界中で次々と起きているシステムへの不正侵入事件を見れば防ぐことが困難なのは明らかです。政府がいくら対策は万全と説明したところで、「マイナンバーだけは絶対安全」とは到底思えません。

また、人の問題の解決は、簡単ではありません。日本年金機構で起きた流出事件の原因の一つは、携わっている人達が手順を守っていなかったことです。社会保険庁から年金機構へと組織が変わる際に大規模なリストラが行われ、ベテランの正職員が減らされる一方、嘱託やアルバイト、派遣社員が増やされました。決まりを守っていたのでは仕事が終わらない、職員としての身分がバラバラなので決まりを共有できないといった実態もあったのでしょう。こうした状況は年金機構だけではありません。国の行政機関も市役所も同様です。年金機構のようなことが、他では絶対に起きないとは残念ながら言えないのです。

政府は、個人番号などの取扱いに関するガイドラインを設け、企業などに、これを遵守するよう指導しています。しかし、ガイドラインが守られる保証などどこにもありません。従業員の源泉徴収に関わる文書——当然、個人番号が記載されています——の保存期間は7年ですが、漏れないようにしたところで一銭の利益にもなりません。コストがかかるだけです。世間ではブラック企業が横行しています。従業員やアルバイトの命すら何とも思わない彼らが、何の得にもならないことのために頑張ることなど想像できません。また、企業倒産も日常茶飯事です。倒産した企業が持っていた従業員の個人番号などの情報が、倒産後どう扱われるかは誰にも分かりません。

■流出は防げるのでしょうか

番号法には厳しい罰則が設けられていますが、これで流出は防げるのでしょうか。確かに罰則を厳しくすれば、犯罪はある程度抑止できるでしょう。しかし、完全になくすことはできません。自ずと限界があります。例えば、違法な暴力組織や借金取りから脅され、命の保障や借金の解消と個人番号の持ち出しとを天秤にかけられた場合、厳しい罰則が頭に浮かぶでしょうか。

また、過失は対象ではありませんし、仮に対象にしたところで、罰則で過失を防ぐのもむずかしい話です。個人情報の入ったパソコンやUSBメモリをカバンごと電車の中や、パチンコ店、飲み屋などに忘れる事件は後を絶ちません。空き巣や車上狙いによって盗られる事件も多発しています。

個人番号を含む個人情報は、もちろん勤務先から持ち出さないのが基本ですが、持ち帰り残業が横行している日本で、持ち出しを完全に防ぐことは困難でしょう。

先にも述べましたが、２０１６年1月のマイナンバー制度のスタートにあわせて「特定個人情報保護委員会」は「個人情報保護委員会」に改組されています。これにより、監視・監督の範囲が、マイナンバーに関する個人情報から、個人情報全般へと大きく広がりました。

委員会の委員長、委員（定員8名）は国会の同意を得て内閣総理大臣が任命するのですが、本書を執筆している12月の時点では、委員のうち4名は欠員となっています。これは、野党からの再三の求めに応じることなく、安倍首相が国会を開催しなかったためです。おそらく個人番号の利用が始まる２０１６年1月1日なっても欠員は解消されていないでしょう。法を無視した見切り発車です。無責任としか言いようがありません。

個人情報を取り扱っている組織や企業は膨大な数です。一方、個人情報保護委員会のスタッフ――２０１５年度末時点での定員は52名、２０１６年度末には78名になると予定――にも予算にも限りがあります。個人情報保護委員会の監視・監督が、どこまで実効性を保てるのでしょうか。因みに、ドイツには連邦だけでなく、16ある州ごとに個人情報保護監察官がおかれています。

■個人番号が流出するとどうなる?

個人情報の流出は、単に気持ちが悪いという問題では済みません。漏れた個人情報を使って成りすましをされ、身に覚えのない借金を背負わされたり、財産を奪われたり、オレオレ詐欺などの事件に巻き込まれたりするかも知れません。

流出した個人番号をもとに、映画やドラマに出て来る場面よろしく、ハッカーと呼ばれるような者が、ネットワークからコンピューターに侵入し、個人情報を盗み出す。もちろんこんなことも考えられますが、より可能性の高いのは古典的な手法による詐欺ではないでしょうか。

例えば、個人番号を含む個人情報が流出したとします。ただし、発覚はまだしていません。ある日、市役所職員を名乗る男から電話がかかってきます。男は、あなたの住所、氏名だけでなく、個人番号も告げます。すべて間違いありません。あなたは、電話をかけてきた男を職員だと信じてしまうでしょう。なぜなら個人番号を知っているのは、私自身か役所だけだと思っているからです。一旦信じてしまえば、後は男のなすがままでしょう。もし男が、勤務先の人事部を名乗った場合はどうでしょう。私の番号を知っているのだから間違いないと信じてしまうかも知れません。

普通の感覚で考えればオレオレ詐欺は成立しそうにありません。子どもの声を間違う親なんていないだろうと。しかし、プロの詐欺師たちは、素人の私たちが考えつかないことを実践してくるのです。これから個人番号を巡ってどんな犯罪が巻き起こるのかなど全く予想できません。

では、流出した個人情報を回収することはできるでしょうか。回収するには、流出した個人情報がどこにあるのか特定する必要があります。しかし、これは極めて困難な作業です。日本年金機構の流出事件後、厚生労働省と機構は事件の検証を行いましたが、流出した個人情報が経由したコンピューターは特定されましたが、その後どこへと流れていったのかは未だに分かっていません。犯人も不明なままです。デジタル情報はいくらでもコピーできます。もしどこかで流出した個人情報が発見されたとしても、他にコピーがあるのかないのかは分かりません。世界中のコンピューターを調べることなど不可能です。どこにあるか分からなければ、回収することも、もちろん削除することもできません。

■市町村長が認めれば、個人番号は変更されるが

個人番号は、漏えいして不正に用いられるおそれがあると市町村長が認めた場合は、番号法に基づき変更されます。しかし、漏れてから変更されるまでに――発覚するまでの時間も含めて――タイムラグが必ず生じます。その間に、成りすましや詐欺などの具体的な被害が生じるおそれがあります。また、個人番号は変更できても、氏名や生年月日など漏れた情報を変更することは困難です。また、個人番号を変更しても、変更前の番号は変更履歴として、変更後の番号と結びつけた形でJ-LISに記録されるでしょう。履歴がないと、番号を変更する度に、誰と誰が同一人物なのか分からなくなってしまい制度が維持できなくなる可能性があるからです。

さらにこんな問題もあります。例えば、A氏の個人番号「甲」が漏れたとします。A氏の勤める会社B社の保有するA氏に関する税務や健保、年金等の書類には漏れる前の番号「甲」が記録されています。市町村長の判断によりA氏の番号は「甲」から「乙」に変更されました。では、B社に保管されているA氏の書類に記されている番号「甲」はどうなるのでしょう。すべてコンピューターで管理しているから番号変更は簡単だという場合もあるかも知れませんが、手書きの書類はどうするのでしょう。番号「乙」に書き変えるとなると膨大な手間が、B社に生じる可能性があります。果たしてそんなことは現実的に考えて可能なのでしょうか。

同様のことは市役所などにおいても生じます。市役所の保有するデータベースでは、おそらく自動的にA氏の番号「甲」は「乙」に変わるでしょう。しかし、市役所に保存されている、これまでA氏が提出してきた紙の書類については、すべてを番号「乙」に書き変えることは困難ではないでしょうか。

結局、個人番号を変更しても、A氏の番号は「甲」だという記録は残ってしまうのです。「甲」だという記録が残っていることが、具体的にどんな問題を起こすのかはまだ分かりません。しかし、「漏れたから番号を変えました」で済むような単純な話ではないことだけは確かです。

2　自己情報コントロール権とマイナンバー

■自己情報コントロール権を侵害する可能性も

プライバシーの権利は、コンピューターやインターネットが普及し、生活の隅々にまで入り込んでいる今日においては、自己情報コントロール権として理解され、憲法で保障された基本的人権の1つとされています。自己情報コントロール権は、他人が自己についてのどの情報をもちどの情報をもちえないかをコントロールすることができる権利です。

具体的には、個人情報を提供するにあたっての本人同意や、相手が持っている私に関する情報の開示や訂正、利用の停止、消去などを求める権利、すなわち「この個人情報は渡さない」権利や、

「私のどんな個人情報を持っているのか教えて欲しい」、この個人情報は「間違っているので訂正して」、「この個人情報は使わないで」、「記録から消して」といったことを求める権利です。

これまで住民は、様々な行政サービスを受けるために、また選挙権などの権利を保障させるために、その目的に応じた範囲の個人情報を市役所などの行政機関に預けて来ました。そして、個人情報保護法や個人情報保護条例など、個人情報を守るための仕組み、自己情報コントロール権を具体的に保障するための仕組みを作ってきました。

しかし、名寄せを目的に構築されたマイナンバー制度が始まると、市町村に預けた個人情報は、役所の壁を突き抜けて他の行政機関等でも利活用されることになります。実際、多くの市町村において、個人番号を使った名寄せができるように個人情報保護条例に「穴」を開ける改正が行われて来ました。こうした利活用は、本人の同意のないままの名寄せであり、自己情報コントロール権を侵害することになる可能性が大きいと言えます。

■個人情報は、マイナポータルで自己管理を

一方、政府は自己情報コントロール権を守る仕組みの1つとして、国民一人ひとりに専用のホームページであるマイナポータルを作り、2017年1月から自宅のパソコン等から利用できるようにするとしています。

内閣官房のページのQ&Aには、

行政機関がマイナンバー（個人番号）の付いた自分の情報をいつ、どことやりとりしたのか確認できるほか、行政機関が保有する自分に関する情報や行政機関から自分に対しての必要なお知らせ情報等を自宅のパソコン等から確認できるものとして整備します。例えば、各種社会保険料の支払金額や確定申告等を行う際に参考となる情報の入手等が行えるようになる予定です。

と書かれています。要するに、自分に関するどのような情報を行政機関が保有しているのか、どの行政機関が自分に関する情報を見たのかを、マイナポータルで各自確認せよ。もし問題があれば、すなわち自己情報コントロール権が侵害されていると思うなら、申し出よというのです――ただし、現在のところ申し出の方法等について具体的な説明は内閣官房のページにはありません。

はたしてどれだけの国民が、実際にマイナポータルを見るのでしょうか。侵害はいつ起きるかは分かりません。四六時中、見ることなどできません。マイナポータルは、プライバシーの権利を守る政府としての責務を放棄し、自分で管理せよとする自己責任の押し付けなのです。

同時に、マイナポータルを他人に見られることによるプライバシーの侵害の可能性もあります。マイナポータルにアクセスするには、個人番号カードとパスワードが必要だから、安心だと政府はいいます。しかし、国民すべてが、特に高齢化が進むもとで、個人番号カードやパスワード、マイナポータルを安全に管理できる保証などありません。

万が一、他人にマイナポータルを覗かれたり、乗っ取られたりすれば、プライバシーの侵害だけでなく、詐欺などに巻き込まれ実害を被る可能性もあります。けっして諸手をあげて歓迎できるようなサービスではないのです。

政府は、パソコンが自宅などにない者は、公的機関にあるパソコンを使ってマイナポータルを使えるようにするとしています。しかし、こうした誰でも使えるようにしたパソコンに、犯罪者によってウイルスなどが仕込まれれば、個人情報を好き勝手に見られ、酷い目に遭わされることになるでしょう。

さらに、政府は、引越しなどの際に同時に複数の手続などができる官民横断のワンストップサービスや、ネットバンキングやクレジットカードで公金を決済することができるサービスをもマイナポータルに組み込むことを考えています。もしそうなれば、マイナポータルは、詐欺師を喜ばせるための危険なシステムとなるでしょう。

結局、マイナンバー制度は、どこまで行っても自己責任なのです。事件が起きても、「管理できないお前が悪い」で済ませられると考えている人たちが推進しているのです。

■マイナンバー違憲訴訟が全国で

２０１５年12月1日、原告らの個人番号の利用等の差し止めを国に求める提訴（民事訴訟）が、仙台、新潟、東京、金沢、大阪の地裁に対して行われました。原告は、会社員、自営業者、年金生活者、税理士、医師、大学教授、市長経験者、自治体職員・議員など多様な方たちからなる１５６名です。

東京での提訴では、原告らは個人番号の収集、保存、利用、提供の停止、保存しているマイナンバーの削除などを国に対して求めています。「憲法13条で保障されたプライバシー権（自己情報コントロール権）、人格権を侵害されたこと」（12月1日の記者会見での弁護団からの配付資料）などが理由です。

今後、同様の提訴が横浜、名古屋、福岡でも行われるとともに、2次、3次の追加提訴も予定されていると聞きます。「違憲」とする判決が出るかどうかは分かりません。しかし、制度の実態や問題点を国民に明らかにし、知らせるとともに、マイナンバー制度の廃止を求める運動をより一層広げることに貢献するのは間違いないでしょう。

3　プロファイリングとマイナンバー

■クレジットカードやポイントカードで集められる個人情報

最近は、小売店や飲食店での支払いの際に、クレジットカードを使うことが増えています。また、ポイントを貯めるためにポイントカードを提示することも日常化しています。インターネットでの商品購入の際も同様でしょう。

ところで、クレジットカードやポイントカードを使うと、購入に関する情報――購入者のカード番号、購入日、購入企業・店舗名、購入商品・サービス名等――が、そのカードの運営企業に提供されます。企業は、こうした情報を代金決済やポイント管理に使うだけでなく今後の販売活動にも利用しています。

具体的にはどういうことでしょうか。それは、クレジットカードやポイントカードから得られる購入に関わる膨大な情報を、コンピューターを使って統計的に処理し、購入パターン——例えば、商品Aを買った消費者の多くが次に何を買ったのかを調べたところ、商品Bを買うことが多い——を見つけ出すのです。そして、それが分かれば、今度は商品Aを買った者に商品Bのダイレクトメール——最近は電子メールの場合も多いでしょう——を送るのです。

企業は、私たちから集めた購入に関する情報をもとに、これからの行動、すなわち顧客一人ひとりの未来を予測し、それに応じた行動をとっているのです。ダイレクトメールは、一般には届いても鬱陶しいだけかも知れませんが、今、正に欲しいもの、興味のあるものについてのドンピシャな「お知らせ」であれば、喜ぶ消費者も多いのではないでしょうか。

もちろんこうした個人情報の利用については、個人情報保護法に反しないように、クレジットカードやポイントカードの申込書に同意事項として盛り込まれています。

例えば、カルチュア・コンビニエンス・クラブ株式会社が運営し、5600万人もの利用会員数を誇るツタヤカード（Tポイントカード）は、コンビニエンスストア、ドラッグストア、レストラン、コーヒーショップ、ホテル、小売店、ガソリンスタンド、レンタカー、ネットショッピングなどで利用——武雄市では図書館でも——できるようになっており、膨大な個人情報を日本中から日々集約し、これをビジネスに利用しています。会員規約には、個人情報の利用目的として「ライフスタイル提案のための会員情報分析」や、「会員に対する、電子メールを含む各種通知手段によるライフスタイル提案、または当社が適切と判断した企業のさまざまな商品情報、サービス情報その他の営業の案内もしくは情報提供」が含まれています。会員になる際に、形式的とはいえすべて同意していることになっています。

■購入履歴をもとに「あなた用」に作られる広告

世界最大の書店であるアマゾンのホームページを覗くと「あなたへのおすすめ商品」が表示され、商品を検索すると今度は「よく一緒に購入されている商品」が表示されます。これは、アマゾンのコンピューターが、日々蓄積される利用者の購買に関する膨大な情報から購入パターンを割り出し、現にウェブサイトを覗いている「あなた」のこれまでの購入履歴や表示履歴なども参考に入れ、「あなた」向けにアレンジしたものを自動的に表示しているのです。すなわち、アマゾンは「あなた」に関する情報を集積・分析し「あなた」の未来——次に○○を買うという未来——を予測しているのです。

「日本経済新聞」２０１１年7月14日付には、こんな記事が載っていました。日本マクドナルドは「１人ひとりの顧客の購買特徴に合わせ、割引きする新たな電子クーポンの配信を始めた」。携帯電話サイト会員２０００万人のうち「おサイフケータイ」の機能が付いた携帯電話を持っている約１０００万人の購買履歴を分析」し、「購買パターンに応じて、内容や配信頻度を変える」と。もちろんこうした個人情報の利用は規約にうたわれており合法的な体裁がとられています。

また、インターネットで様々なページを渡り歩いていると、表示される広告が、これまで見てきたページと関連づけられたものに変化していっていることに気付かれる人も多いと思います。これは閲覧履歴をもとに、表示する広告を自動的に「あなた用」にカスタマイズしているのです。

インターネット利用が日常生活に浸透するにつれて実世界だけでなく、インターネットを通じて個人情報を収集し、集積されたデータの山を採掘し、パターンを発見し、それをもとに一人ひとりにカスタマイズされた広告を行っていく、こうした手法が際限なく広がっています。

企業は、このように個人情報を集めれば集めるほど、名寄せした個人情報が増えれば増えるほど、顧客の生活や家族の様子、趣味といったライフスタイルに関するより詳細で正確な情報を得ることができ、顧客の未来を予測することが可能になるのです。そして、より大きな利益をもたらしてくれるであろう優良な顧客と、そうではない顧客との仕分け、すなわち選別、分類も可能になるのです。

■個人情報を集め、分析し、未来を予測するプロファイリング・ビジネス

とはいうもののこうした個人情報の名寄せと分析には自ずと限界があります。私たちは、複数のクレジットカードを使い、当然のように様々なポイントカードを使います。クレジットカードが違い、ポイントカードが違えば、利用者が同じ消費者（同一人物）であっても、購入に関わる情報を名寄せすることはできません。もちろんインターネットに残された痕跡や、携帯電話に関わる情報との名寄せも困難です。

ロバート・オハロー著の『プロファイリング・ビジネス』（日経BP社、2005年）によると、ア

メリカの場合、クレジットカード会社が違っても購入に関わる情報の名寄せができるコンピューターネットワークシステムが、民間企業の手によって構築され稼働しているといいます。個人情報を名寄せするには、一般に個人を特定するキーとしての個人コードが必要です。確実に特定できる個人コード――同じコードを持つ者は誰もおらず、1人で複数のコードを持つ者もいない――があれば、これにその個人コードの持ち主に関わる購入についての情報を名寄せしていけば、その個人コードの持ち主のプロファイリングができることになります。なお、プロファイリング【profiling】とは、ある個人の人物像を、その個人から得られたデータに基づいて、コンピューター上などに仮想的に組み立てることを意味します。

アメリカには社会保障番号がありますが、オハローによれば、データマッチングに使われている個人コードは民間企業が独自にアメリカ国民に対して付番した番号――携わる企業が複数あるため複数の番号体系が存在――だそうです。例えばアクシオムという企業は、「スーパーコンピュータのネットワークを使って、収集した情報を組み合わせ分析し、およそ2億の成人について詳細なポートレートをつくり上げる」のですが、「これらのデータを敏速に処理できるように、各人には16桁のコードネームが付けてある」といいます。

では情報をどこから入手するのかというと、世界にも名の通った大規模小売業者や通信販売会社、出版社、大手銀行、クレジットカード会社、自動車メーカー、電話会社、製薬会社、ＩＴ企業などからだそうです。

アクシオム社が集めた情報をもとに、今度は、衣料雑貨家具などのカタログ・ネット販売を手がける小売業者は、カタログの販売先を選ぶことができますし、金融機関は融資を申し込んだ個人客をプロファイルできます。また保険会社は、誰を加入させ誰を断るか決めることができ、融資状況や条件などを調査し評価する企業には何十億件という個人データを提供し、薬局は情報をもとに慢性疾患の患者を見つけ顧客に取り込めます。さらに、求職者の審査や債務者の追跡にも役立つと、オハローはいいます。この情報企業は、人々をプロファイリングすることで、次に何を買い、食べるのか、時にはどんな犯罪をなすのかといった「人々の行動を分析し予測」し、人々の仕分けをしているのです。

■マイナンバーとプロファイリング

なぜ、アメリカでは個人情報を扱う民間企業が独自に国民に対して付番をするのでしょうか。それは、個人情報をデータマッチングする際に基礎となる名簿――日本にあるような国民（住民）悉皆名簿としての住民登録制度（住民票）――が存在しないためです。

一方、日本には、住民登録制度が存在し、国民には確実に個人が特定できる住民票コードが付番されています。日本版のアクシオム社のような企業が、クレジットカードが違い、ポイントカードが違っても、住民票コードにより利用者は同一人物であると特定し、データマッチングすることができれば、アメリカ以上の精度で1億3千万人についてプロファイリングし様々に仕分けることが可能となるでしょう――もちろん、個人情報保護法をクリアするために本人同意を形式的にしろ、事前に取り付けておく必要がありますが。

しかしながら、〝残念〟なことに、住民票コードは民間利用が禁止されているためプロファイリングには使えません。一方、個人番号は検討段階から「将来的には民間利用を」が前提となっています。おそらく個人番号の告知の義務付けは、金融機関での口座開設だけでなく、犯罪防止やテロ対策などを理由に、クレジットカードの申込みや、生命保険の契約などにも広がっていくでしょう。

また、ポイントカードについても不正利用を防ぐために、〝同意〟を前提に個人番号の記入を求めても差し支えないとされる可能性――番号を記入しないと様々な特典がもらえない、利用が制限されるとなれば、ほとんどの消費者は躊躇なく〝同意〟するでしょう――は大きいのではないでしょうか。個人番号を相手に知らせることは、リアルな世界での対面販売や申込みだけではなく、インターネット上でも――プロバイダーとの契約だけでなく、ゲームや音楽、動画等のダウンロードなど、様々なサービスの利用の際にも――同様に行われることになるでしょう。もちろんスマートフォンや携帯電話による様々なサービスの利用に際しても。

もっとも個人番号を利用したプロファイリング、仕分けは、民間のビジネスだけの問題ではありません。実は、公的な部門、特に社会保障費を削減するための国民の仕分けに利用することが期待されているのです。詳しくは、次章で述べますが、マイナンバーを使って個人情報を名寄せすることで、社会保障の負担と給付を国民一人ひとりの状況、例えば資産や生活状況などに応じて変えていく、カスタマイズしていくことを政府は検討しています。「あなたは真に手を差し伸べるべき人ですか」、「あなたへの社会保障給付には意味があるのですか。無駄ではありませんか」などと仕分けをする、これもまた重大なプライバシーの権利の侵害です。

第3章

マイナンバーの目的と問題点

1　政府はマイナンバーで「より良い暮らしへ」というけれど

■行政の効率化に役立つの？

これまで見てきたように、マイナンバー制度にはプライバシーの権利を侵害しかねない重大な問題があることが分かりました。では、これほどの問題を抱えてまで実現しなければならない理由はあるのでしょうか。

内閣府のホームページ「政府広報オンライン」を覗いてみましょう。そこには「マイナンバー制度には『行政の効率化』、『国民の利便性の向上』、『公平・公正な社会の実現』というメリットがあります」と書かれています。通知カードと一緒に送られてきた説明書にもほぼ同じ文言が見られます。これは本当でしょうか。内閣官房のページで公開されている資料も参考にしつつ見ていきましょう。

まず「行政の効率化」です。政府広報オンラインには「行政機関や地方公共団体などで、様々な情報の照合、転記、入力などに要している時間や労力が大幅に削減されます。複数の業務の間での連携が進み、作業の重複などの無駄が削減されます」とあります。また、説明書の方には、「行政手続が、早く正確になります。各機関で作業の無駄が削減され、手続きがスムーズ！」と書かれています。

マイナンバーは、個人番号を国の行政機関や地方自治体、日本年金機構、健康保険組合などが持っている個人情報に紐付けすることで、情報連携を行い、業務の必要性に応じて名寄せを可能とするものですから、確かに「行政の効率化」が進み、「行政手続が、早く正確に」になる可能性はあります。

しかし、「様々な情報の照合、転記、入力などに要している時間や労力が大幅に削減」される具体的な数値などは、全く示されていません。また、そもそも削減の対象となるはずの「時間や労力」、「各機関で作業の無駄」が具体的にどこで、どう生じているのかの説明もありません。抽象的で全く具体性がないのです。

ひょっとすると政府が提供している膨大なホームページのどこかに、具体的な説明があるのかも知れません。しかし、少なくとも内閣官房のページにはありません。リンクも張られていません。たとえどこかにあったとしても見つけることは困難でしょう。

なお、言うまでもないことですが、国民が役所等に申請書等を提出する際には、これまで必要のなかった個人番号の記入と、通知カードや個人番号カードによる本人確認を一々求められますから、国民も職員も、手間が余計にかかるようになります。

また、説明書には「災害時の行政支援にマイナンバーを活用します。被災者台帳の作成などにより、迅速な行政支援を実現します！」とも書かれています。しかし、そのためには被災者が自分の個人番号を知っていて、なおかつ、それが自分の正しい番号であることを個人番号カードなどで証明しなければなりません。東日本大震災を頭に浮かべるまでもなく、個人番号カードを持って逃げることを前提とした〝お話〟などおよそ現実的ではありません。

■国民は便利になるの？

次に「国民の利便性」の向上です。政府広報オンラインには「添付書類の削減など、行政手続が簡素化され、国民の負担が軽減されます。また、行政機関が持っている自分の情報を確認したり、行政機関から様々なサービスのお知らせを受け取ることができます」とあります。説明書の方は「社会保障関係の各種申請で、書類の添付が減ります。」としています。

削減される添付書類とは具体的に何でしょう。どこの行政機関に出すものでしょう。内閣官房のページで公開されている広報資料全体版の中にある「マイナンバーの利用例」を見ると、次の5つが「添付を省略可能」として例示されています。

高等学校等就学支援金申請手続きの際に「住民票や保護者等の課税証明書の添付を省略可能」

結婚、子育てに際し「国民年金の第3号被保険者の認定、健康保険の被扶養者認定の手続きの際に、課税証明書の添付を省略可能」

児童手当の認定請求の際に「年金手帳や健康保険証の添付を省略可能」

退職に際し「退職前に加入していた健康保険の被保険者資格喪失証明書の添付を省略可能」

厚生年金の裁定請求の際に「住民票、課税証明書の添付を省略可能」

確かに、添付書類は省略できるようになるのでしょう。しかし、どれもこれも一生のうちに何回する必要がある手続きなのでしょうか。国の行政機関や地方自治体の初期投資だけでも数千億円

（当然、将来にわたって莫大な維持費が必要）かかると言われるマイナンバー制度を構築してまで実現しなければならないものだとは思えません。

ところで、以前は番号制度で引っ越し手続きが便利なる——例えば、インターネットですべての手続きが完了する——という話がよくされていました。しかし、最近はあまり聞きません。どうしてなのでしょう。マイナンバー制度が始まったことにより、通知カードでも個人番号カードでも、引っ越しをする度に、カードを転入先の市役所に持参し、表面に書かれている住所を書き換えてもらわなければならなくなりました。書き換えは、自宅からインターネットでというわけにはいきません。さらに面倒なことに、もし転入届をする際にカードを忘れれば、あらためて市役所に出向かなければなりません。マイナンバーのおかげで手間が増えたのです。

■公平・公正な社会とはどんな社会？

そして「公平・公正な社会の実現」です。政府広報オンラインには「所得や他の行政サービスの受給状況を把握しやすくなるため、負担を不当に免れることや給付を不正に受けることを防止するとともに、本当に困っている方にきめ細かな支援を行うことができます」あります。一方、説明書は「適正・公平な課税を実現します。所得把握の正確性が向上し、適正・公平な課税につながります」、「年金などの社会保障を確実に給付します。未払い・不正受給を解決します」としています。

「負担を不当に免れている人」とは具体的にどのような人でしょうか。後で詳しく述べますが、政府が考えている「所得把握の正確性」や「適正・公平な課税」は、国民が一般に抱いている「課税逃れ」や「脱税摘発」とはほど遠い話のようです。

また、「給付の不正の防止」と「本当に困っている方への支援」は本来関係のない話です。不正があるから本当に困っている方への支援ができないわけではありません。また、そもそも「本当に困っている方」とはどういう人のことでしょう。このあたりは次の「社会保障費の削減」のところで詳しく述べたいと思います。

それから説明書には「年金などの社会保障を確実に給付」、「未払い」を解決とありますがどういうことでしょう。大きな問題となった「消えた年金」の話でしょうか。もしそうだとしても、この問題とマイナンバー制度がどうつながるのかよく分かりません。「消えた年金」は住基ネット（住民票コード）を駆使しても完全に解決することはできなかったのです。マイナンバー制度で利用する氏名や住所、生年月日の情報は、住基ネットから提供されるものですから、住基ネットで判明しなかったものがマイナンバーで分かるはずがないのです。「いやこれからの話だ」というなら、「消えた年金」の時代とは違い、既に基礎年金番号は住民票コードとリンクしていますから、あえてマイナンバーを使う必要性はありません。

以上見てきたように、政府の言う「マイナンバーで、より良い暮らしへ」は曖昧で根拠が乏しく、たいした中味がないもののようです。とりあえず国民にはこの程度の説明で納得させておこうという代物に過ぎないのではないでしょうか。では、本当の目的、狙いはどこにあるのでしょう。

2　出発点は社会保障費の削減

■自助自立と社会保障番号

先に述べたように、マイナンバー制度は、納税者番号と、小泉内閣が検討していた社会保障番号を合わせ、これを住民票コードの上に乗せる形で作られたものです。

小泉内閣が進めた構造改革は、国際競争力の強化を合い言葉として、大企業の税・社会保障負担の軽減や規制緩和、労働力の流動化などによる国内高コスト構造の是正、また公的部門やサービスの市場化・営利化などによる新市場・新ビジネスの創設を図るものでした。「国に頼るな」「国をあてにするな」とばかりに自助自立や自己責任が強調され、社会保障費の総抑制とともに、介護保険の導入や保育の民営化など市場化・営利化が進められました。社会保障番号は、そうした流れの中で出て来たものです。

これまでの国民全体を対象とした社会保障費の削減、すなわち痛みを分かち合う方式だけでは削減に限度があります。また、国民からの反発も大きくなります。そこで、全体ではなく個別に、国民一人ひとりの条件に応じて削減していく、国民を分断していくことを考えたのです。それが「『真に支援が必要な人に対して公平な支援を行うことのできる制度』(骨太の方針2001)です。給付の重点化・効率化、すなわち給付をすべき者と、そうでない者に仕分ける仕組みの構築です。

これを実現するには何が必要か、国の行政機関や地方自治体、社会保険庁、健康保険組合、医療機関、介護保険事業者などが管理するコンピューターに記録されている国民の個人情報を正確に名寄せするための社会保障番号だろうと、そう考えたのです。

2006年4月に経済財政諮問会議（小泉首相が議長）がまとめた「『歳出・歳入一体改革』中間とりまとめ」には、給付の重点化・効率化と社会保障番号との関係がより明確に書かれています。すなわち、「社会保障給付のさらなる重点化・効率化を推進する」一環として「社会保障の効率化にも寄与する社会保障番号、社会保障個人会計を導入する方向で早急に検討を進める」と。

■負担と給付を天秤にかける「社会保障個人会計」

「社会保障個人会計」とは何でしょうか。これは、個人レベルで社会保障の給付と負担が分かるように情報提供を行う仕組みです。「骨太の方針2001」に、社会保障番号制の導入とあわせ、「社会保障制度の運営コストの削減や、公的給付と私的給付の効率的な組合せによる老後所得保障の充実、多様化なども可能になる」ものとして提案されたものです。

これだけではわかりにくいですが、骨太の方針の策定に向けた2001年3月の経済財政諮問会議に、民間議員の2人——日本経営者団体連盟（後に、旧の経済団体連合会と統合し日本経済団体連合会に）の会長であった奥田碩氏と本間正明・大阪大学大学院教授——が連名で提出した「社会保障改革と経済財政に関する論点メモ」などを見ると、社会保障個人会計の意味がよくわかります。

メモには、「個人の選択の尊重、自立・自助努力の支援を基本」に社会保障改革を進めるには、「個人の給付と負担に関する情報を提供して国民が自らの将来のビジョンを描ける」ようにする必要があり、そのためには「個人のレベルで現在及び将来の給付と負担を総合的に把握し評価することができるよう」に、「社会保障個人勘定の創設（e-government、ＩＤシステムの導入等による個人単位での給付／負担情報の集積・一元化‐将来的には公共サービス一般、税を含む公的負担一般についての個人単位での情報集積の実現）」を、「個人の自立・自己責任を基礎においた社会保障制度の構築という観点から」すべきだとあります――勘定となっていますが、会計と意味的には同じでしょう。

要するに社会保障個人会計は、負担を求められる保険料と将来得られる可能性のある給付額との収支勘定をＩＤ（identification　個人を識別するために用いられる符号のこと）システムを活用することで国民自らに確認させる、すなわち国民一人ひとりに具体的な金額として〝社会保障の損得〟を確認させるとともに、この確認作業により給付への不安が生じた国民に対し自己責任のもと民間保険や金融商品を契約、購入させることを図る自立を促す仕組みです。そのために必要不可欠なのがＩＤシステムとしての社会保障番号制度なのです。

■経団連からの「死後精算」提案

経団連（日本経済団体連合会）はさらに踏み込み、社会保障個人会計を死後精算のためのシステムとして提案しています。経団連は、２００4年9月21日に提言「社会保障制度等の一体的改革に向けて」を示しました。そこには、国民一人ひとりの自助努力を基礎とする社会を構築することにより、活力ある経済社会を構築することが国を挙げての課題であるとして、経団連流の社会保障個人会計が提案されています。それは「社会保障の各制度から同じような趣旨で行われている給付を合理化することを前提に、個人ごとに給付と負担を把握して、運営上、こうした重複給付をチェックし、効率的な給付を行おうとするもの」であり、「財産相続時における、社会保障受給額（特に年金給付）のうち本人以外が負担した社会保険料相当分と相続財産との間で調整を行う仕組みも検討すべき」だというのです。

「本人以外が負担した社会保険料相当分」は、国や地方自治体、他の加入者が出した「お金」のことでしょう。例えば、これまで支払った年金保険料の総額は1000万円、ところが長生きしたため給付総額は1500万円になった。500万円貰い過ぎだから、遺産で精算し返せという話です。相続財産は現金や預貯金とは限りません。夫婦でがんばってローン返済した自宅を死後精算のために手放さざるを得ない、そんなことも出て来るでしょう。

提言は、給付と負担のあり方を考えるにあたって、重点化・簡素化・効率化などとともに、公平性・公正性・納得性をあげています。わかりやすく翻訳すると「負担より給付の大きい者がいることは、不公平であり、そうした者を許すのは不公正です。負担より給付の小さい〝公正な者〟は納得できないと、みなさんもそう思うでしょう、だから死後精算が必要なのです」となります。こうした考えは、社会保障の根底にある思想を完全に否定すると共に、国民を自分の損得しか考えない守銭奴のようにみなすものです。

また、本人以外が負担した分を相続財産で精算するということは、社会保障に関わる費用は、本人に一時的に貸し付けただけということになります。この考え方に則って、どこまでも〝公平〟を期すというのなら、相続財産だけで精算ができない場合は、被相続人がこしらえた借金として相続人に請求することが必要となるかも知れません。

■「社会保障と税の一体改革」と「見返り」論

２００９年夏の総選挙で誕生した民主党政権は「社会保障と税の一体改革」を進めるとして、自民党・公明党との3党合意に基づき、２０１２年8月、税率を引き上げ、増収分を社会保障の充実に使うとする消費税の増税法とともに、社会保障制度改革推進法を成立させました。改革推進法について、伊藤周平・鹿児島大学大学院教授は「公的責任による社会保障の充実を放棄し、持続可能性を名目に、社会保障費の抑制・削減を宣言したに等しい内容」(『社会保障改革のゆくえを読む』自治体研究社、２０１５年)だと指摘しています。

安倍内閣へと政権交代した後の２０１３年8月、社会保障制度改革推進法に基づき設置された「社会保障制度改革国民会議」が、日本の社会保障は「保険料を支払った人にその見返りとして受給権を保障」する社会保険方式が基本などとする報告書をとりまとめました。

安倍政権は、この報告書の具体化として、同年12月、「受益と負担の均衡がとれた持続可能な社会保障制度の確立を図る」(第1条)ことを目的とした「持続可能な社会保障制度の確立を図るための改革の推進に関する法律」(以下「プログラム法」とします)を成立させています。

伊藤周平教授は、前掲書で、こうしたプログラム法の目的は、「見返り」論であり、「『負担がなければ給付なし』という保険原理を徹底する規定と言える」としたうえで、「そもそも、社会保障の給付を受けることは、憲法25条1項にいう『健康で文化的な最低限度の生活を営む権利』にほかならず、受益権は、必要（ニーズ）に応じて発生するのであって、保険料負担の見返りとして発生するものではない」と指摘しています。また、「社会保障制度改革推進法やプログラム法にみる社会保障の捉え方は、国家責任（公的責任）を看過した歪曲」であり、「公的責任（特に国の責任）を縮小し、社会保障の削減を進めようとの政策意図にもとづく」ものだとしています。

小泉政権の社会保障費の削減のために個人レベルで「負担と給付を天秤にかける」考えは、安倍政権へと継承されていたのです。ですから「社会保障個人会計」が、「見返り」論の具体化として復活するおそれは充分あります。死後精算も含め〝小泉時代のお話し〟では、終わらないようです。

■資産情報の集約と社会保障費の削減

さて具体的に、マイナンバー制度に関わってこれから「あり得ること」は何でしょうか。それは、所得や資産による社会保障給付の制限や、保険料負担増でしょう。個人番号は、所得だけでなく、2015年の番号法改正により預貯金口座と紐付けられることが決まっています。また、固定資産との紐付けも検討されています。

2015年5月22日の参議院本会議の代表質問で、日本共産党の辰巳孝太郎議員が、番号法の改正案――預金口座への個人番号の紐付けなどを図る――について「高齢者の金融資産を調べ、医療、介護の負担を引き上げる。これが本当の狙いではないか」と追及しました。これに対し麻生太郎財務大臣は「社会保障制度を維持するため、負担能力に応じた負担を求めることが必要だ」と述べ、辰巳氏の指摘を認めています。社会保障費を削るために、所得に応じて医療保険料や窓口負担を変えたり、資産状況に応じて年金給付額を変えたりすることも、マイナンバーの利活用として想定されているのです。

また、こうした資産情報は、生活保護申請時にも活用されるでしょう。申請した本人について調べるのはわかりますが、それだけとは限りません。政府は戸籍への個人番号の紐付けのための法案を2019年に出すとしています。マイナンバー制度は、誰が親族かを調べ、さらに親族の資産の調査にも利用されるようになるでしょう。「○○に親戚がいるでしょう、それなりの所得や財産があるようだから、まずはそこに相談するように」と言われることになるかも知れません。そんな話を持ち出されたくないとして、生活保護申請をためらう人が出て来るのは確実です。マイナンバーは社会保障費の削減に大いに貢献することになります。

■特定健診とマイナンバー

こうした利活用は、法改正やシステムの整備などを考えれば、まだ少し先の話になるでしょう。しかしその一方、すぐにでも始まりそうな話もあります。

「超党派議連　健康増進法案まとめる　〝医療費抑制へ生活習慣病予防を〟」とするNHKニュースが、2015年5月24日に流れました。「持続可能な社会保障制度のあり方を検討する超党派の議員連盟は、医療費の抑制に向け、地方自治体が、来年、運用が始まる『マイナンバー制度』などを活用して、住民1人1人の健康情報を管理し、生活習慣病の予防指導を行うなどとした法案」をまとめたというものです。

具体的には「政府に総理大臣をトップとする対策本部を設け、おおむね5年ごとに基本計画を策定」、「基本計画に基づいて、地方自治体は、来年1月に運用が始まる『マイナンバー制度』などを活用して、住民1人1人の健康情報を管理し、生活習慣病の予防指導を行う」、「国民健康保険に、適度な運動を続けるなどして、健康増進に努めている加入者に、特典を設ける仕組みの導入を促す」などです。

〝特典〟とは何でしょう。まさか粗品を進呈ではないでしょう。保険料の減額でしょうか。では、予防指導に従わず、健康増進に努めなかった人はどうなるのでしょう。保険料負担や医療費の自己負担を増やすのでしょうか。何とも言いようのない無茶苦茶な構想ですが、こうした考えは超党派の議員連盟特有のものでも、彼らが突然言い出したものでもありません。

2013年4月16日の衆議院予算委員会で、麻生太郎副総理兼財務大臣は、中田宏議員（日本維新の会、当時）からの質問――健康であれば保険料が安くなる、こういう医療制度をつくらないと日本はだめになると思いますよ――に、私は72歳だが病院に行ったことはほとんどない、朝歩いたり、腹筋や、腕立てを、オリンピックで合宿所にいたので、癖で今でもずっとしているなどとしたうえで、次のように答弁しています。

飲みたいだけ飲んで、やりたいだけやって、いいかげんにして。それで、72でくしゃくしゃになっている人っていっぱいいるでしょう。周りにいっぱいいるじゃん。そういう人たちが病院に払っているときの医療費は俺が払っているんだと思ったら、何となくばかばかしくなってくるんだ。

麻生氏は、首相であった2008年11月20日の経済財政諮問会議でも「たらたら飲んで、食べて、何もしない人の分の金を何で私が払うんだ。だから、努力して健康を保った人には何かしてくれるとか、そういうインセンティブがないといけない」と同様の発言をしています。

■病気になるのも「自己責任」？

2014年3月28日、産業競争力会議（議長は安倍首相）の医療・介護等分科会に、提言「健康増進・予防への取組を促すためのインセンティブ措置について」が提出されました。増田寛也・東京大学公共政策大学院客員教授が中心になってまとめたものです。

提言は、個人の健康・予防に向けた取組み（特定健診受診の有無、喫煙の有無、運動習慣、本人や家族の医療費など）に応じて「保険者は各被保険者の保険料率や医療費自己負担を一定の範囲内で増減することができるようにするなど、保険制度上、健康増進に向けて努力した者がしっかりと報われるような、金銭的インセンティブを与えられるようにすべきではないか。個人の責に帰するリスクに応じて、保険料を増減させることができれば、個人にリスクを低減させようとするインセンティブが生まれるのではないか」としています。

しかし、個人の健康・予防に向けた取組は、「総じて労働時間、ストレス、通勤時間、低賃金との関連性が高く、単に『個人の責に帰するリスク』とは断定できない」（芝田英昭編『安倍政権の医療・介護戦略を問う』あけび書房、2014年）のではないでしょうか。

このように〝特典〟を考えているのは、先の超党派の議員連盟だけではなかったのです。また、この構想は決して非現実的な〝お話〟でもありません。2015年9月の番号法改正により、特定健診に関する事務での個人番号の利用が可能になりました。記事にあるマイナンバーを使った「住民一人ひとりの健康情報を管理し、生活習慣病の予防指導を行う」ための下準備は整いつつあるのです。

病気や不健康の原因を本人の努力だけに還元する健康自己責任論に基づき、保険料負担や医療給付の〝匙加減〟をして行こうという考えは、自助自立、自己責任が強調される中で、今後、さらに拡大——生活保護バッシングと同様に意図的に世論形成が行われることも含め——していくでしょう。そして、こうした匙加減を実現するうえで、個人番号を使ったプロファイリングは欠くことのできないものであり、極めて大きな役割を果たすことになるでしょう。個人番号カードをタバコや酒の購入時の年齢確認に利用するという話もあります。こうした購買情報と〝匙加減〟がリンクする日も、そう遠くはないのかも知れません。

■ナチス・ドイツ——「生きるに値しない命」の排除

伊藤周平教授は、著書『「構造改革」と社会保障』（萌文社、2002年）の中で、「相応の健康維持の努力をせずに病気になったような人には、保険適用をすべきでないという議論や、痴呆の高齢者の治療を否定するような新たな優生思想の台頭ともいえるような議論までもが展開されて」おり、こうした「想像力の欠知にもとづく優生思想が権力と結びつけば、障害者や高齢者の組織的抹殺をもまねくことは、ナチスの例が証明している」と述べています。

ここでいうナチスの例とは、今から八十年近く前のドイツにおいて、ヒトラーの命令により数十万人の精神障害者（児）などが「生きるに値しない命」と見なされ、ガス室や薬物注射、飢えなどで〝安楽死〟させられた「T4作戦」と、それに引き続く一連の虐殺のことです。

この作戦に影響を与えたとされるのは、ドイツの刑法学者ビンディングと精神科医ホッヘが1920年に著した『生きるに値しない命を終わらせるための行為の解禁』です。この中でホッヘは「これらのお荷物連中（重度知的障害者など－引用者）に必要とされる経費があらゆる面で正当なものであるのかという問題は、過去の豊かな時代には差し迫ったものではなかった。しかしいまや事情が変わったから、我々はそれに真剣に取り組まざるをえない」と述べています。

当時のドイツは第一次世界大戦での敗北と、それに続く経済危機に見舞われていました。ホッヘは、その克服のためには、お荷物連中にかかる経費の削減が必要不可欠だと考えていたのです。その後、台頭したナチス・ドイツは、ホッヘらの考え方を受け継ぎ、アーリア人国家として民族の生存競争に打ち勝つことを目的に、精神障害者（児）などを生きるに値しない命と見なし排除したのです。

T4作戦は、その後、一部の高位聖職者からの非難の声を受け、表向きには中止されました。しかし、実際には〝安楽死〟は戦争終結まで続行され、被占領地域も含め犠牲者は何十万人にも及びました。小俣和一郎著『ナチス　もう一つの大罪』（人文書院、1995年）によれば、犠牲になったのは精神病患者、身体障害者、精神遅滞者、聾唖者、盲目者、結核患者、福祉施設入所者、労働不能者、老人ホーム入居者、爆撃によって精神に異常をきたした一般市民、重症の傷病兵および病弱な避難民たちであり、ユダヤ人、アーリア人、オーストリア人、ポーランド人、ロシア人、ドイツ人でした。

この作戦を遂行するため、ナチス・ドイツは不要な者を掲載した「リスト」を作り続けました。現代のドイツが、共通番号制度を国政調査とともに憲法違反としている背景には、こうした虐殺行為に対する深い反省――国家が共通番号制度や国政調査を使って、国民の個人情報を集めることは、国家によって不要と見なされたものを排除する「リスト作り」へとつながる――が横たわっているのでしょう。

■マイナンバーは社会保障に何をもたらすのか

一方、現代の日本はどうでしょう。安倍首相は第189回国会における施政方針演説（2015年2月12日）で、「経済のグローバル化は一層進み、国際競争に打ち勝つことができなければ、企業は生き残ることはできない。政府もまた然り。オープンな世界を見据えた改革から逃れることはできません」と述べています。グローバル競争に打ち勝つことが国家目標とされる中で、「社会保障と税の一体改革」という名の社会保障費の適正化、すなわち削減は避けては通れない課題とされ、「手を差し伸べるべきではない人」の排除が目論まれているのです。かつてのドイツと現代日本に共通する言葉は、国家（民族）間の「競争」です。

とはいうものの私は、マイナンバー制度が導入されたからといって日本にガス室が出現するなどとは微塵も思っていません。危惧しているのは、そうしたある意味わかりやすい「ストレートな死」ではありません。

個人番号を使って集約される個人情報が拡大され、国民の仕分けがより精緻に行われるようになれば、「手を差し伸べるべきではない」と見なされた者には、余命の短縮という形での死がもたらされることになります。それはガス室によってではなく、生活保護の打ち切りや、健康保険・医療・介護・福祉・年金といった社会保障制度からの排除や、給付制限によってです。

マイナンバー制度の導入の是非を考える際には、どれだけ国民は便利になるのか、行政の合理化にはどうつながるのかといった面だけではなく、それが政策として出されてきた経緯や背景を見ることが必要です。そして、それが社会保障に何をもたらそうとしているのか、また、そもそも社会保障とは何かにまで立ち帰って検討する必要があるのではないでしょうか。

■医療等情報とマイナンバー

ところで、社会保障制度とマイナンバー制度との関係を考えるうえで、もう一つ重要な点があります。それは医療や健康に関する個人情報――医療カルテや、保険請求に関わるレセプト、健康診断結果など――との紐付けです。こうした医療等情報は個人情報の中でも、特に他人に知られたくないセンシティブな情報です。

と同時に、「医療等情報は『金のなる木』」であり、「特に民間の保険会社にとっての利用価値は高（く）」、個人番号により「所得や保険料などの『お金』の情報と、病歴などの医療等情報が一元管理できれば、加入者（お客）給付管理や新たな商品開発など利活用」（知念哲「共通番号『カード』が医療等分野に与える影響とは」『共通番号の危険な使われ方』現代人文社、２０１５）できます。

現在のところマイナンバー制度は医療等情報を対象とはしていませんが、これは日本医師会や全国保険医団体連合会などの強い反対の声を受けたためです。政府の「番号制度に関する実務検討会」が２０１１年に行った意見聴取の際に、日本医師会は「プライバシーの問題、個人情報保護に関する法律や環境の整備、受診抑制等の管理医療に関する懸念など様々な問題点がある。これらに対する十分な検討や懸念払拭がなされない限り、番号を現物サービス給付（医療・介護・福祉など現物やサービスをそのまま給付するサービスのこと－引用者）に持ち込んではならないと考えている」と述べています。また、日本歯科医師会や日本薬剤師会も同様に懸念を示してきました。

一方、マイナンバーとは別に、医療等情報に関する独自の番号制度（医療等ＩＤ）を導入する準備が進められています。２０１４年5月、厚生労働省に「医療等分野における番号制度の活用等に関する研究会」が設置されました。研究会は「医療等分野の情報連携に用いる番号の仕組みについて、具体的な利用場面やマイナンバー制度のインフラの活用の考え方等について検討」を行い、２０１５年12月10日に報告書を取りまとめています。報告書は「医療等分野の情報連携に用いる識別子（ＩＤ）は、安全かつ効率的な情報連携の基盤を整備する上で欠かせない仕組み」であるとしたうえで、「二重投資を避ける観点から、こうした広く社会で利用されるマイナンバー制度の情報インフラを最大限に活用していくことが合理的である」と述べています。

また、２０１５年6月30日に閣議決定された「日本再興戦略　改訂２０１５」も、「セキュリティの徹底的な確保を図りつつ、マイナンバー制度のインフラを活用し、医療等分野における番号制度を導入する。【2018年から段階的運用開始、2020年までに本格運用】」としています。

マイナンバーの医療分野での利用に反対してきた日本医師会や日本歯科医師会、日本薬剤師会は、医療等IDについては反対していません。「医療情報は公益上の理由から集積し活用される必要もあり、その際に個人を識別する番号は必要となる。また、複数の施設、多職種の人員が関わる地域医療・介護連携などでも共通の患者番号があればより効率的になることは間違いない」(「医療等IDに係る法制度整備等に関する三師会声明」2014年11月19日)としています。ただし、その前提として、個人番号は医療現場では使わない、他の分野とリンクしない、悉皆性・唯一無二性を原則としない、国民が必要とした場合に「忘れられる権利」「病歴の消去」「管理番号の変更」「複数管理番号の使い分け」等が担保されるようにすることなどをあげています。

今後、医療等IDとマイナンバー制度との関係が、具体的にどうなっていくのかはまだ分かりません。しかし、2015年9月の番号法改正で特定健診に関する情報や予防接種の履歴への個人番号の紐付けが可能になりました。また、個人番号カードの健康保険証としての利用も具体的に検討されています。医療情報等が個人番号と何らかの形でつながっていく可能性は否定できません。

3 「適正・公平な課税」という名の「徴税の強化」

■「所得の過少申告等の防止・税制」と言うけれど

政府はマイナンバーで「適正・公平な課税を実現します」と説明しています。適正・公平な課税にはもちろん異論などありません。では、マイナンバーが実現する適正・公平な課税とは、具体的にどのようなものでしょうか。本書を執筆している時点で、内閣官房のホームページに掲載されている広報資料全体版には「より正確な所得把握が可能となり、社会保障や税の給付と負担の公正化が図られる」とあるだけで具体的な話は全くありません。

他の広報資料を見ても具体例は載っていません。さらに内閣官房のページを丹念に探してみるとようやく、政府の番号制度創設推進本部が2011年から2012年にかけて全国47都道府県で開催した「マイナンバーシンポジウム」の際に配付され「政府説明資料」の中に見つけることができました(図2)。

図には「マイナンバー導入による国民のメリット例⑤　より公正で正確な税負担が実現します。」との表題がつき、「所得の過少申告等の防止・税制　税務当局が保有する各種所得情報をマイナンバーを用いて正確かつ効率的に名寄せ・突合することにより、所得の過少申告や税の不正還付等を効率的に阻止・是正できる。」との説明があります。

ここまで読むと、マイナンバーでどんな不正を正してくれるのかと期待が高まりますが、その下

図2 「マイナンバー導入による国民のメリット例⑤　より公正で正確な税負担が実現します。」

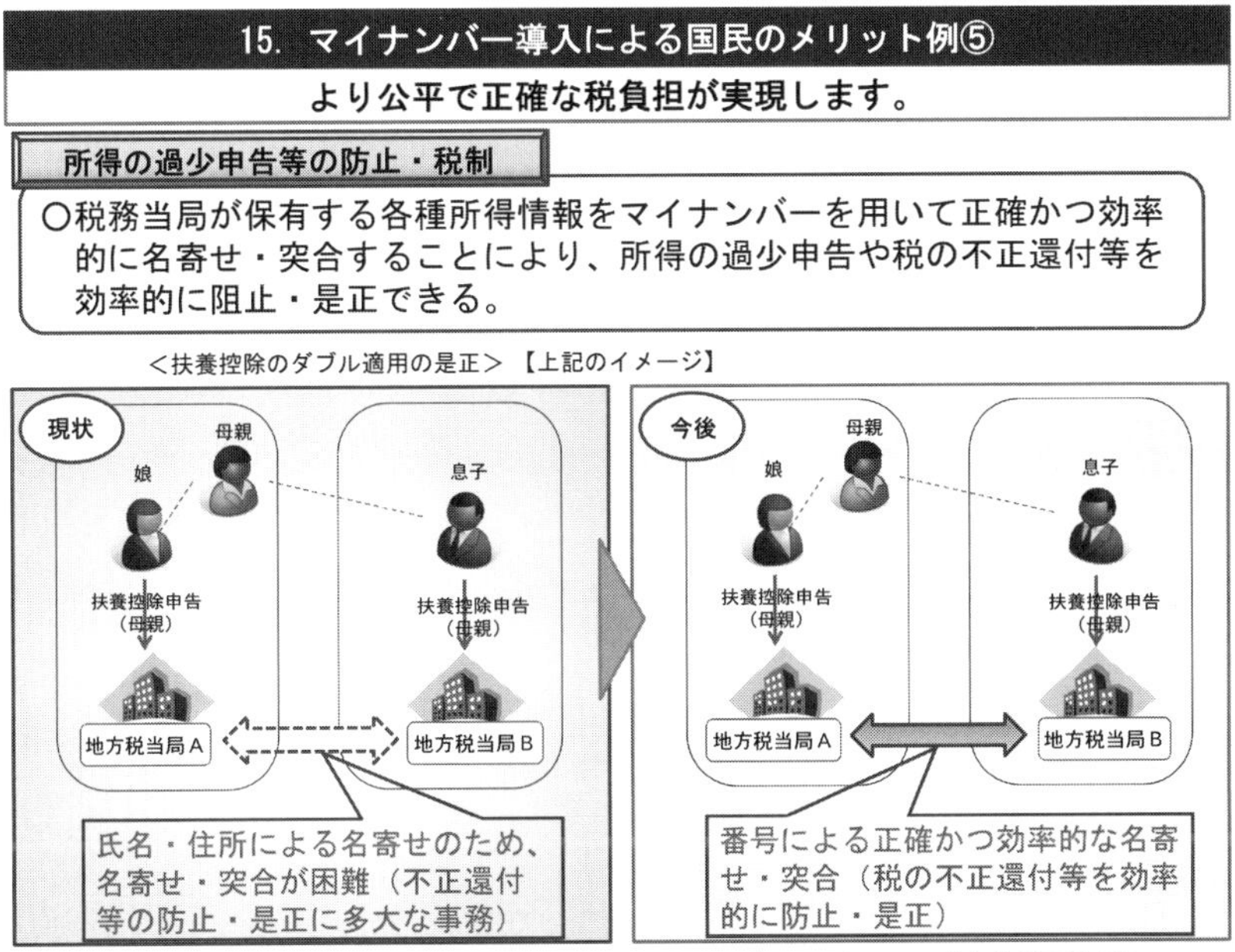

出典　「マイナンバーシンポジウムｉｎ千葉」（2012年12月８日）で配付された「政府説明資料」

にあるのは「扶養控除のダブル適用の是正」の絵です。左は「現状」で、母親と娘（同居）、息子（別居）がいます。両方が母親を扶養控除申告しています。両申告先の地方税当局が違うため「氏名・住所による名寄せのため、名寄せ・突合が困難（不正還付等の防止・是正に多大な事務）」との説明。右は、マイナンバーが導入された「今後」です。同様に両方が母親を扶養控除申告しても、「番号による正確かつ効率的な名寄せ・突合（税の不正還付等を効率的に防止・是正）」できるとあります。

　母親を扶養家族とする控除申告は、娘か息子のどちらか片一方しかできませんから、確かにダブル適用は「不正」です。こうした「不正」を正すのはマイナンバーのメリットでしょう。しかし、解せないのは「所得の過少申告等の防止・税制」の例として、この「扶養控除のダブル適用の是正」しか示されていないことです。内閣官房以外の政府のホームページも色々と見てみましたが、扶養控除の話以外は見つけられません。こんな庶民相手の小さな話しかないのです。マイナンバーに「脱税防止」などと期待していた方も多いと思いますが、現実は期待外れもはなはだしい肩すかしなのです。

なお、この図2と同じものは、2013年3月頃に内閣官房のページに掲載されていた「番号制度導入によるメリット」と題された内閣官房社会保障改革担当室による資料にも掲載されていました。しかし、現在、内閣官房のページで公開されている資料には、同様の絵はありません。一体どういうことなのでしょう。「所得の過少申告等の防止」の具体例として、これしかあげられないのは具合が悪いと考えたのでしょうか。

■「適正・公平な課税」のターゲットは庶民

政府の説明はこれだけですが、他にも「適正・公平な課税」については、こんなことが考えられます。

高い学費などを賄うために大学生や高校生がアルバイトをするのが普通になっています。こうした人達の中には確定申告も年末調整もしていない人が多数いるでしょう。アルバイト収入が多いにもかかわらず親の扶養家族になっている場合もあるでしょう。個人番号を雇用主に届けさせることで、こうしたアルバイト収入を税務署は正確に把握することができます。

また、給与所得者が、給与だけでは暮らすのがむずかしいため副業をしている場合が増えています。こうした場合、本来の給与と副業の所得をあわせて、確定申告をしなければなりません。しかし、行っていない人も多いのではないでしょうか。税務署は個人番号を使った名寄せをすることで、本人に申告を促すことが可能になります。政府が示している唯一の例も、ここであげた2つの例も、高額所得者ではなく庶民が対象です。

「不正を正す」ことは、庶民が対象だとしても良いことだ、正義だと言われる方も当然いるでしょう。しかし、それは本当に〝正義〟でしょうか。現在、所得税の納税者の大部分は、給与所得者が占めています。にもかかわらず給与所得者の多くは所得税の仕組みを残念ながらよく理解していません。これは、源泉徴収制度と年末調整制度によって、勤務先に任せっきりになってきたからです。また、納税者としての教育が学校で全くなされてこなかったことも大きな原因です。政府が例にあげる「扶養控除のダブル適用」にしても、ごまかしてやろうと思ってやっている人は実際どれだけいるのでしょう。控除申告の意味や、ダブル適用がダメなこともよく分からないまま勤務先に出す扶養申告書に親の名前を書いているだけの人も多いのではないでしょうか。給与所得者を一人前の納税者として扱うことの方が、マイナンバー制度で庶民を対象に「不正を正す」ことよりも優先されるべきでしょう。

■高額所得者は、なぜマイナンバーに反対しないのでしょう

マイナンバーに期待を寄せる人の中には、高額所得者の所得や資産がガラス張りになり、適正な課税ができるという思いもあるようです。本当にそうなるのでしょうか。

図３　「申告納税者の所得税負担率(平成25年分)」

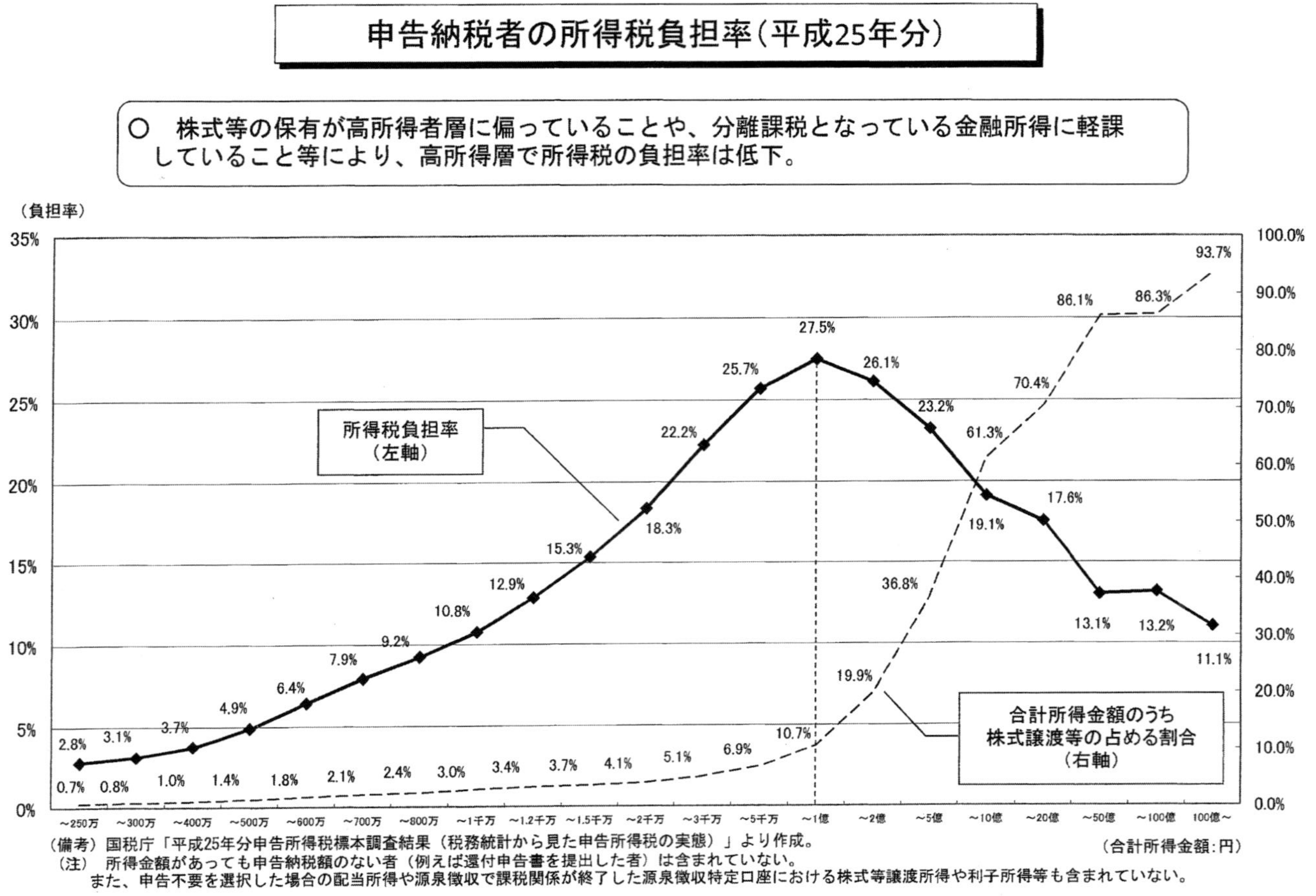

出典　第23回税制調査会（2015年10月14日）資料

図3は、国税庁が作成した「申告納税者の所得税負担率（平成25年分）」のグラフです。右に行けば行くほど所得が高く、上に行けば行くほど負担率が高くなります。所得が増えていくと負担率も上がっていきます。これは勤労所得や事業所得が累進課税（所得税は5％〜40％。住民税は一律10％）となっているからです。ところが1億円を超えると逆に負担率が下がり始めます。これは、1億円を超えるような高額所得者――〝超富裕層〟と言った方が適切かも知れません――の所得の大部分は、定率課税（源泉徴収の場合の税率は所得税15％、住民税5％）の金融所得だからです。図にも「株式等の保有が高所得者層に偏っていることや、分離課税となっている金融所得に軽課していること等により、高所得層で所得税の負担率は低下」との国税庁による説明が付いています。

マイナンバーで「不正を正される」のは、図の左端の方の勤労所得や事業所得で暮らす庶民――厚生労働省の2010年の国民生活基礎調査によれば、世帯年収500万円未満が56・2％を占めています――です。右の方の所得が1億円を超えるような高額所得者は、扶養がどうとか、子どものアルバイトがどうとか、副業がどうとか、全く気にもかけていないでしょう。

1980年に法制化され準備が進められたグリーンカード制度は、勤労所得や事業所得と金融所得とを合わせて課税する総合課税制度が前提でした。このため、高額所得者からも反対の声が強くあがり、結局、1985年に法は廃止され、制度は実施されることはありませんでした。一方、マイナンバー導入の議論では総合課税化の話など一切ありません。マイナンバーが導入されても、金融所得への定率課税はそのままです。彼らから反対の声が出ないのは当然です。

また、国税庁は、「個人番号・法人番号を利用しても事業所得や海外資産・取引情報の把握には限界があり、個人番号・法人番号が記載された法定調書だけでは把握・確認が困難な取引等もあるため、すべての所得を把握することは困難であることに留意が必要です」と、番号制度の限界を認めています。

グリーンカードの頃は、高額所得者でも海外資産を持っている者はまだ少なく、海外取引も今ほど多くはなかったでしょう。しかし、今日では高額所得者、特に超富裕層がタックスヘイブン（租税回避地）と言われる税金がかからない国々に資産を預け、運用するのが当たり前になっています。タックスヘイブンの国が、日本政府に協力して、日本人が保有している資産に個人番号を紐付けることなどあり得るのでしょうか。

■マイナンバーで、預金だけでなく固定資産も把握へ

次に、マイナンバーと資産との関係を見てみましょう。

まず、預貯金口座ですが、2015年9月の番号法の改正により2018年から個人番号の登録が始まります。登録は任意ですが、政府は2021年を目途に強制的なものにしたいと考えているようです。強制となった場合、個人番号の登録を拒否するとどうなるのでしょう。預金が引き出せなくなるのでしょうか。今のところ全く分かりません。どちらにしても2018年が近づけば、預金の引き出しとタンス預金が増えることになるでしょう。

また、土地や建物などの固定資産に個人番号を紐付ける計画も進んでいます。2015年6月30日に閣議決定された「経済財政運営と改革の基本方針2015」、いわゆる「骨太の方針」の

2015年版には、「課税等インフラの整備」として、次のように書かれています（［5］歳入改革、資産・債務の圧縮－（1）歳入改革－①歳入増加に向けた取組）。

マイナンバー制度を活用し、徴税コストの削減を図るとともに、担税力を適切に捕捉するため、金融及び固定資産情報（登記及び税情報を含む。）と所得情報をマッチングするなど、マイナンバーをキーとした仕組みを早急に整備するとともに、税・社会保険料徴収の適正化を進める。

個人番号との紐付けを、所得や金融資産だけでなく固定資産にも行い、これを税・社会保険料の徴収強化に役立てようと考えているようです。

法務省が管理する登記簿に個人番号を紐付けることは現在の番号法には書かれていません。また、法改正したとしても、登記簿を利用するのはコストがかかりむずかしいかも知れません。しかし、資産の把握の対象となる固定資産は、資産価値のあるものだけで充分です。原野など資産価値のないものは把握する必要はないでしょう。となると、登記簿ではなく、市町村が固定資産税を課税するために保有している固定資産に関わるデータ（評価額など）に個人番号を紐付ければ事足ります。

マイナンバー制度のスタートにあわせて、市町村が保有する市町村民税などのデータに宛名番号という識別番号が付けられます。この宛名番号と個人番号を紐付けることで、国税庁との所得データをやりとりすることが、2017年頃から可能となります。宛名番号は固定資産税に関わるデータにも付けられますから、市町村民税のデータと同様に、国の行政機関が個人番号を介して固定資産税に関わるデータを利用するようになるのは時間の問題でしょう。もちろん番号法などの改正は必要ですが、現在の国会の状況を見れば、たいしたハードルではないでしょう。

以上は私の推測に過ぎません。法務省が管理する登記簿に、個人番号を直接紐付ける可能性はもちろんあります。しかし、どのような方法がとられるにしても、政府がマイナンバー制度を活用した固定資産の把握の準備を進めているのは間違いありません。

■マイナンバーによる高額所得者への優遇策

金融商品について損益通算する制度があります。これは複数の金融所得がある場合、そのうちの黒字の所得（利益）から赤字の所得（損失）を差し引きし、その結果を所得として扱うものです。例えば、株式配当で1000万円利益をあげたものの、株式譲渡で800万円の損をしたとします。損益通算をしなければ1000万円の利益に、税率が20%なら200万円の税がかかることになります。ところが損益通算すると1000万円引く800万円で利益は200万円と見なされ、税は40万円で済んでしまいます。160万円の節税です。

2004年6月、政府の税制調査会に設けられた金融小委員会が行った報告「金融所得課税の一体化についての基本的考え方」は、金融所得間の損益通算を行うためとして番号制度の必要性を説いていました。必要とされた番号制度はできたのですから、範囲拡大に使われるとみて間違いないでしょう。実際、金融庁が2014年8月に示した「平成27年度税制改正要望項目」には、「預金口座へのマイナンバー付番を行う場合には、預貯金等への損益通算範囲拡大を併せて行うこと」との項目が入れられています。

金融商品を買って、損益通算を利用したい人の大部分は、どう考えても多額の資産を持つ高額所得者であり庶民ではないでしょう。国や自治体の初期投資だけでも数千億と言われているマイナンバー制度を構築し、生活に苦しむ庶民の懐に手を突っ込む一方、高額所得者に優遇策を提供することは「正しい」ことなのでしょうか。

いま必要なのは、マイナンバーによる「適正・公平な課税」という名の「徴税の強化」ではなく、高額所得者優遇の不公正税制の是正ではないでしょうか。

4　マイナンバーバブルと民間利用

■マイナンバーバブルと政官財の癒着

マイナンバー制度に関わって動くお金は、1兆円とも3兆円とも報道されています。小さな市でも、マイナンバーに対応するための経費は少なくとも1億円はかかっているようです。地方自治体は約1800ありますから、どんなに少なく見ても地方自治体だけで1800億円は必要です。さらに国の行政機関が行う準備についても多額の経費が必要でしょう。

今や、この金に大企業がここぞとばかりに群がり、正にIT公共事業の体をなしています。マイナンバーバブルとも揶揄されています。2015年10月には、厚生労働省でマイナンバー制度のシステム設計契約に関わる贈収賄事件が発覚しました。厚生労働省の担当者の1人が、企画募集に際しITコンサルタント会社に便宜を図り、100万円の現金を受け取っていたとされています。しかし、これは氷山の一角でしょう。今後、こうした醜い話が、まだまだ出て来るだろうと思います。

〝事件〟ではありませんが、関連企業から自民党へ献金が行われてきた話も明らかになっています。2015年11月8日付けの「しんぶん赤旗」は、マイナンバー制度において情報連携を担う情報提供ネットワークシステムを企業共同体を組んで国から無競争で受注（123億1200万円）した大手企業5社のうち4社——日立製作所、富士通、NEC、NTTデータ——が、自民党の政治資金団体「国民政治協会」に2009年から2013年の5年間に、2億4千万円を超える献金をしていたことが分かったと報じています。

日本共産党の池内さおり衆院議員の調べでは、契約額は予定価格の99・98％。予定価格が事前にもれていた可能性が指摘されています。記事によると、5社はいずれもマイナンバー導入のために内閣官房が2011年に技術面について検討する「情報連携基盤技術ワーキンググループ」に幹部を委員として派遣していました。また、献金をした4社には、内閣府、総務省などの行政機関の幹部が多数天下りしており、巨大利権に群がる政官財の癒着ぶりを物語っているとしています。

マイナンバー制度は構築したらそれで終わりとはなりません。維持管理のための支出が、制度がなくならない限り永遠に続きます。また、今後、利用拡大が計画されていますから、どれだけ膨らむのか見当が付きません。膨大な金が、IT関連の大企業へと吸い込まれていくことになるのは間違いありません。

■人間にも商品のような管理コードを

経済界からは、共通番号制度を民間利用したいという声が、検討段階から繰り返し出されてきました。民間利用の目的の1つはコストの削減であり、もう1つは新たなビジネスの構築です。

2010年12月15日、経団連によるシンポジウム「豊かな国民生活の実現に向けて」が開催され、和田隆志内閣府大臣政務官や平井卓也自民党IT戦略特別委員会委員長、佐藤政行セブン&アイ・ホールディングス執行役員などをパネリストとするパネルディスカッションが行われました。パネルディスカッションでは、コンビニのセブン‐イレブンの情報システムを担当している佐藤政行氏が、たいへん面白い発言をしています。その一部を少し長いですが抜き出します。

お店に対して商品の推奨が行われ、お店から商品が発注され、ベンダーや共同配送センターから商品が運ばれ、お店で陳列されて、初めて販売が可能になる。このために最低限必要なものが、店舗マスター、商品マスター、取引マスターである。マスターは、コードのことである。店コード、商品コード、取引コードがあって初めて情報システムで処理できる。…(引用者略)…電子行政の推進にあたっても、まったく同じである。個人を特定する番号やコードがなければ、情報システムで処理ができなくなる。手作業では効率性が悪くなり、正確性にも問題が出てくる。…(引用者略)…セブン‐イレブン・ジャパンでは、2009年度の給与支払い報告書は、社員と、全国に約500店舗ある自営店に働いているパートタイマーの分を合わせた3万2200通を、826カ所の市区町村に提出した。…（引用者略）…多くの自治体では電子的に提出することができないため、実質的にはすべて紙で提出している。番号制度ができると、こうした業務が電子的に行えるため、企業の負担が大幅に軽減されると思う。

人間にも商品と同じようにコード（番号）を付ければ、簡単に情報システムで処理でき効率化が図られ、大幅にコストダウンできるから、さっさと人間に番号を付けろという話です。

経団連は、このシンポジウムにあわせてパンフレット『私たちは、番号制度の導入を支持します』を作成し、経団連のウェブサイトで公開しています。これは番号制度への支持表明やメッセージを企業や団体、個人に呼び掛け集めたもので、62団体・個人が賛同者として名を連ねています。

その中の1つに、日本人材派遣協会の坂本仁司会長のメッセージがあります。坂本会長は「少子高齢化等の進展により『人材』の流動はさらに活発になるため、適正適法な管理手段、公平な徴税を実現する手段として早期導入に賛同する」としています。

宮崎駿監督の映画『千と千尋の神隠し』の中で主人公の荻野千尋は、湯屋「油屋」に雇用される際に、経営者の湯婆婆から両親に授かった荻野千尋という名前を「贅沢な名だ」として奪われ、「千」に変えられてしまいます。「千」は数字であり、コードだといえます。

湯婆婆が、なぜ名前を奪い、コードへと変えたのかは定かではありませんが、日本人材派遣協会会長が、派遣労働者を適正適法に管理するには「名前は贅沢」であり、コードの方が似つかわしいと考えているのは間違いないでしょう。商品と人を同列に考えているとしか思えないセブンーイレブンの佐藤政行氏と同類のようです。

前述のシンポジウムが開催される1ヶ月前の11月16日、経団連は提言「豊かな国民生活の基盤としての番号制度の早期実現を求める」を政府に出しています。提言は、佐藤氏や坂本氏ほど露骨ではありませんが、企業が担う従業員の税・社会保険料徴収業務等（「隠れた公的負担」と表現）の効率化によりコスト削減、人材の有効活用が図られることなどを共通番号の民間利用イメージとして示しています。

こうしたマイナンバーでコスト削減の考えは、今も変わらないようです。2015年11月17日に経団連が政府に示した「マイナンバーを社会基盤とするデジタル社会の推進に向けた提言」では、マイナンバー制度の民間利活用の目的として、生産性向上、管理コストの適正化、新事業・新サービスをあげています。

その生産性向上策の1つに、「個人番号の利用による官民データ連携」をあげ、「一定水準以上のセキュリティを企業側が確保することを条件に、マイナンバーをキーとして官公庁が管理している従業員の情報を入手することができる基盤が構築されれば、企業側が保有する情報の更新が容易となり、信憑性が高まる」としています。経団連は従業員の管理に、マイナンバーをどうしても使いたいようです。

■2018年の法改正で、民間利用も可能に

経済界で、マイナンバーの民間利用により積極的なのは新経済連盟です。新経済連盟は、インターネットショッピングの最大手である楽天や、サイバーエージェントなどインターネット関連の企業が参加する経済団体です。2010年2月に「eビジネス推進連合会」として設立され、後に現在の名称に改めています。代表理事は、楽天のオーナーである三木谷浩史氏です。

新経済連盟は、2014年6月に「マイナンバー制度の民間利用に関する提言」を行いました。「マイナンバー制度は、公的分野、準公的分野、民間分野を問わず、日本国民(及び居住者)に利便性をもたらすための社会基盤である」としたうえで、利用範囲の拡大を求めています。民間利用の具体例としては、金融機関等による与信管理での利用と、医療・健康・福祉関連分野での活用をあげています。

また、提言は「医療等分野の番号制度とは当然マイナンバー制度であるべきと考えており……医療分野に特化した別番号(医療等ID)の導入には断固反対する」、「国民を識別する番号が複数ある必要は全くない」としています。

さらに2015年4月には、「マイナンバー制度を活用した世界最高水準のIT国家の実現に向けて」と題した提言を行っています。提言は「マイナンバー制度を活用した民間事業者の手続きの効率化と民間ビジネスの創出」などを定めた「IT利活用新法」の制定や、マイナンバー制度の利活用の徹底に関する2020年までのロードマップの策定、医療・介護・健康分野でのマイナンバー制度の利活用(電子カルテ、レセプトとの連携)、個人番号カードの普及・利活用などを求めています。

こうした提言にある新事業・新サービスや、医療・介護・健康分野でのマイナンバー制度の利活用、医療ＩＤ導入への反対は、マイナンバー制度によるプロファイリングのビジネスへの活用を視野に入れたものでしょう。誰が優良客――例えば、我が社の健康食品を買ってくれそうな健康不安を抱えた者――であり、誰が危ないのか――例えば、医療保険に加入させると損をするおそれが強い者――を判別するのに個人番号に紐付けられた様々な個人情報が活用できれば、コストが削減でき、利益を膨らませることが可能だと、そう考えているのです。

番号法は、その附則で、施行後3年を目途に、特定個人情報の提供の範囲を拡大することを検討するとしています。3年後ですから２０１８年です。現在の政治状況が続き、国民から利用拡大反対の声が大きくあがらなければ、こうした経済界の声に応えて民間利用も可能となるよう番号法は、何の問題もなく改正されるでしょう。

5　戦争のできる国とマイナンバー

■徴兵検査と「赤紙」

マイナンバー制度の学習会の講師に行くと「マイナンバーで徴兵制が行われるのではないか」との話がよく出ます。２０１５年9月に安全保障関連法（戦争法）が成立したことが背景にあるのでしょう。徴兵制に使われるか否かを考える前に、１９４５年8月15日以前の日本で徴兵制はどのようにして行われてきたのかを、まず見てみましょう。

徴兵制度で兵士を集めたのは主として陸軍です。海軍は志願が基本でした。20歳になった男子は、市町村の兵事係が戸籍簿をもとに作成した「壮丁名簿」に従って、徴兵検査を受けます。検査の結果、兵士に適任（甲種合格）とされると、現役兵――兵役期間は平時の場合は2年間――となります。徴兵検査を受けた者のうち現役兵になる率は、アジア・太平洋戦争の激化とともに増え、戦争末期の1944年には8割近くに達します。しかし、「大正から昭和初期の時期で見ると徴兵適齢の青年の十数％を現役兵として入営させていた」（吉田裕『日本の軍隊』岩波新書、2002年）に過ぎません。20歳になると誰でもが兵隊になったというのは、誤解です。

徴兵検査を受けた者は、40歳（後に45歳に）まで兵役義務を負っています。この人たちを軍は在郷軍人と呼んでいました。「赤紙」は、この在郷軍人を召集兵とするための呼出状、召集令状です。なお、当時の陸軍は、職業軍人、現役兵（20歳から22歳）、召集兵（20歳から40［45］歳）から構成されていました。

■「赤紙」とプロファイリング

では、赤紙によって召集する対象はどのようにして選ばれたのでしょうか。

陸軍は、毎年、天皇の承認のもと、作戦計画に沿って、どのような兵士と武器を準備するのかを記した動員計画を作成していました。戦争は、鉄砲を撃つ兵士だけではできません。様々な技能を持つ者が必要です。自動車運転や修理、船舶操縦ができる者、電気・電話・土木・機械などの技術者、獣医、薬剤師、さらにはミシンを踏める者、馬の蹄鉄を打てる者、靴職人、大工、木工、鍛冶工、そして外国語の会話能力などなど。軍は、こうした特殊な技能を「特業」「分業」と呼んでいました。軍は、動員計画を実行するには、こうした様々な技能を持つ者について、それぞれ何人必要かを綿密に計算しました。赤紙は、その結果に基づき在郷軍人に向けて発せられたものです。闇雲に兵士にしていたわけでも、市町村の顔役や兵事係が恣意的に選んでいたわけでもありません。「赤紙は平時では在籍しない『特業』『分業』の人員を、在郷軍人の中からピックアップし、適材適所に配置」(小澤眞人他『赤紙』創元社、1997年)するために発せられたものだったのです。

こうした緻密な召集を可能にするために作成されたのが「在郷軍人名簿」です。そこには、兵役義務を負っている男子国民の詳細な個人情報——戸主、本籍地、職業・技能(特業、分業)、学歴、軍隊在籍時の階級、健康度など——が書かれています。特に、重視されたのは職業・技能と健康度だったようです。職業・技能欄には、職業(勤務先、役職、具体的な仕事内容などを含む)とともに、技能を示す専門知識、資格、免許などからスポーツまで記録されていました。また健康度は、徴兵検査時のものではなく、その時々の健康状態がリアルタイムで記録されていました。こうした個人情報を調査し、在郷軍人名簿に記録したのは、市町村の兵事係です。

在郷軍人名簿は、全国60カ所あまりに置かれた陸軍の連隊区司令部にも存在しました。兵事係が送ってくる情報——身上異動票——を基に作成されたもので、市町村のものと記載内容が一致するように、常に手入れが行われていました。連隊区司令部は、動員計画を実行するうえで必要とする職業・技能を持ち、健康に問題のない者を在郷軍人名簿から選び出し、赤紙を送りました。戦争に国民を動員するためのプロファイリングと選別が、連隊区司令部と市町村の兵事係によって行われていたのです。

■マイナンバーと「経済的徴兵制」

長々と徴兵制の仕組みについて書きましたが、これを現代に照らすとどうなるでしょう。自衛官には、任期制の隊員と、非任期制の隊員がいます。任期制の隊員は、陸上自衛隊の場合、訓練期間を含めて2年です。戦前・戦中の軍は、先に述べましたように職業軍人、現役兵、召集兵から構成されていました。もちろん自衛官は志願制ですが、任期制の隊員は、兵役期間が2年間であった現役兵に相当すると考えて良いでしょう。一方、非任期制の隊員は職業軍人に相当します。では、召集兵はというと、もちろん現代の日本には徴兵制はありませんから、相当する自衛官はいません。

今後、安全保障関連法に基づき、日本が世界のどこかで戦争を始めた場合どうなるでしょうか。最前線にたたされる任期制の隊員への志願者が激減する可能性があります。そこで徴兵制という話が出て来るのです。しかし、憲法の問題もあり、そう簡単には実現しそうにはありません。経済格差が広がるもとで、就職がままならない貧しい若者をリクルートする、いわゆる経済的徴兵制の方が、現実的であり効率的でしょう。

毎年、隊員募集のダイレクトメールが、自衛隊から18歳と22歳の人に送られてきます。個人情報保護がうるさく言われる中で、自衛隊は対象者の氏名・住所・生年月日・性別をどうやって手に入れているのでしょうか。このからくりは至極簡単です。自衛隊は、市町村に要請して、住民基本台帳から該当年齢の住民を抽出した名簿――印刷されたものではなく、ＵＳＢメモリなどに記録されたものを提供している市町村も――をもらっていたのです。

もし、マイナンバー制度を自衛隊がリクルートのために利用できるようになればどうでしょう。得られるのは氏名や住所だけでは収まらないでしょう。学校での成績や健康状態、世帯の状況（所得、家族構成など）まで分かるようになるかも知れません。もしそうなれば、すなわちプロファイリングが可能になれば、マイナンバー制度が兵事係の役割を果たすようになり、経済的徴兵制は極めて効率的になるでしょう。

■技能を持つ者は、どうやって集める？

マイナンバー制度の活躍の場は経済的徴兵制だけではありません。職業軍人と現役兵にあたる者は経済的徴兵制で集められたとしても、技能を持つ召集兵にあたる者はどうするのでしょう。徴兵制度を復活させ、在郷軍人を…としていたのでは何年も何十年もかかってしまいます。

私は、技能を持つ者を集めるために行われるのは、徴兵ではなく「徴用」ではないかと考えます。徴用は、戦時に国家が民間人を、民間人のまま強制的に動員し、兵器生産や物資輸送などの仕事に就かせることです。アジア・太平洋戦争でも盛んに行われ、子どもたちも含め多数の民間人が犠牲となる大きな原因となりました。

安全保障関連法に基づき、今後、日本は戦地において米軍の後方支援をすることになります。そうなれば、特に医療関係者や技術者、輸送関係者などが必要となるでしょう。もちろん自衛隊の中にも、こうした技能を持つ人たちはいます。しかし、戦争が本格化すれば足りなくなるのは目に見えています。民間人から補充しよう、徴用しようとなるのは時間の問題でしょう。そのためには、マイナンバー制度はたいへん役に立つのではないでしょうか。

例えば、戦場に連れて行く場合、医師なら誰でも良いということにはなりません。小児科医は役に立つでしょうか。外科医、それも交通事故などの緊急外来を専門にしている人の方が、戦場では役に立つでしょう。看護師も同じです。どのような医療現場で、どのような仕事を経験してきたかが、役立つかどうかの基準になります。

車両の整備士にしても、戦場が中東やアフリカなら、おそらく乗用車を扱っている人よりも大型車両や重機の整備資格や経験がある人の方がいいでしょうし、現代の戦争ですから現場経験を積んだコンピューター技術者も必要でしょう。運転手なら軽トラックで街中を走っている人よりも、どこでも走れる腕と経験を持った大型トラックの運転手の方が重宝されるでしょう。

■「戦争に役立つ者」を選び出すマイナンバー

こうした「戦争に役立つ者」、それもすぐに役立つ者を探すには、詳細な個人情報が必要です。職業、職歴、資格、免許、学歴だけでなく、健康状態も考慮しなければならないでしょう。さらに、家族の情報も必要でしょう。戦場で死亡することを考えれば身寄りのない者の方が好都合でしょうから。

こうした詳細な個人情報を集め、プロファイリングし、適格者を選別するにはマイナンバー制度は打って付けです。マイナンバー制度の利用範囲が拡大し、個人番号と紐付けられた個人情報が増えれば増えるほど、兵事係の代わりをより効率的に果たせるようになるでしょう。ただ、昔と違うのは、召集兵ではなく民間人のまま戦場に動員されることです。それもおそらく国からの直接の命令ではなく、勤務先を通じて――派遣社員としての場合も含めて――行われることになるでしょう。その方が、国としての責任は遙かに軽くなります。実際、米軍は、民間企業からの派遣という形で、多数の民間人を戦場で活用しています。

経済的徴兵制に利用すること、また戦争のための徴用に役立てることが、マイナンバー制度導入の目的に含まれているかどうかは分かりません。また、こうした利用が、すぐにできるようにシステムが作られているわけでも、法整備が済んでいるわけでもありません。しかし、今はまだできなくても、戦争になれば「使えるものは何でも使え」になるでしょうから、結果的にマイナンバーが利用されることになるのは間違いないでしょう。

6　地方自治とマイナンバー

■法定受託事務と地方自治体の責任

地方自治体は、住民へのサービス提供や選挙権などの権利を保障するために預かっている住民の個人情報を保護し、プライバシーの権利を守るために、個人情報保護条例を制定し、個人情報の外部提供についての制限を行って来ました。

ところが、マイナンバー制度のスタートにあたって、地方自治体は自ら個人情報保護条例に、番号法に規定されている事務について、個人番号を含む個人情報を提供するための「穴」を開ける改正を行いました。改正により、地方自治体は、マイナンバー制度の情報提供ネットワークシステムを通じた個人情報の請求であれば、請求の正当性を個別に審査することなく、無条件かつ自動的に提供することになります。住民のプライバシーの権利を守ることはできるのでしょうか。

残念なことにマイナンバー制度は法定受託事務です。自治事務であった住基ネット導入の際には、東京都国立市や福島県矢祭町など、住基ネットへの接続を拒否した地方自治体がありました。しかし、今回は、地方自治体が、マイナンバーにどれほど疑問を感じていたとしても、拒否することはできません。また裁量を働かす余地もほとんどなく、すべて国が決め、地方自治体に押しつける形で進められています。

■国の準備遅れで現場は混乱

ところが、国の準備はたいへん遅れています。例えば、通知カードや個人番号カードの交付などに関する事務処理要領が総務省から地方自治体に示されたのは、番号通知が始まる直前の9月末です。また、介護保険などの事務において個人番号をどう扱うのかの通知が、厚生労働省から示されたのは12月15日でした。

地方自治体からは、国の方針が二転三転し、いつまでたっても準備ができない、職員への研修もおざなりにならざるを得ない、こんな声も聞こえてきました。国の無責任な対応が、地方自治体と職員にしわ寄せされ、様々な混乱を現場に巻き起こしているのです。本書を執筆しているのは２０１５年の12月です。本書が書店に並ぶ頃にはどうなっているでしょう。住民をも巻き込んで、さらに酷い状態になっているかも知れません。

２０１６年1月からは、住民は市役所や町村役場に申請書などを出す際には、個人番号を書くことを求められます。しかし、書くことを拒否した場合、地方自治体は、職員はどう対応すれば良いのでしょうか。政府は、書くように説得したうえで、それでも住民が応じない場合は、職員が住民票でマイナンバーを調べて代わりに書くようにとしています。職員が自ら調べて書くことができるのなら、最初から住民に求めなくてよいのではないでしょうか。こうした対応に接すれば、市役所を訪れた住民は、どんな反応をするでしょう。

また、9月末に示された総務省の事務処理要領は、個人番号カードの交付の際に、顔認証システムで、交付申請した人物とカードを取りに来た人物が同一であるのか、本人確認をするようにとしています。誰を顔認証するのか、しないのかでもめるのは火を見るよりも明らかです。

現場を知らない人たちによって、机の上だけで作られた国の方針が、住民と職員の間に無用の軋轢を生じさせることになるのです。市役所も、もちろん住民も、国による押し付け政策の「被害者」なのです。

■地方自治体にマイナンバーは必要なのか

マイナンバーに対応するための財政負担も地方自治体にとってたいへん重いもの――規模によって

異なりますが億単位の支出を行っているところも多いようです――となっています。マイナンバー制度に対応するには住民基本台帳や税、福祉など様々なコンピューターシステムの改修やセキュリティ強化が必要です。通知カードの印刷・郵送、個人番号カードの申請受付・作成などは、地方自治体からJ－LISに委託されていますが、もちろん無償ではありません。さらに返戻された通知カードの処理や個人番号カードの交付などを行うための臨時職員の雇用や、人材派遣業者への委託も多くの地方自治体で行われています。国はこうした経費の一部を交付金として負担はしていますが、もちろん全額ではありません。

さらに、今後は、マイナンバーに関わるシステムの維持管理や、利用拡大に伴う新たな支出も必要となるでしょう。果たして、費用負担に見合ったメリットは地方自治体や住民にあるのでしょうか。

これまでマイナンバー制度がなくても、例えば、申請書を出すために市役所の窓口にやって来た住民が誰であるかは、住所や氏名、生年月日などによって確実に特定できてきました。わざわざ申請書に個人番号を書いてもらう必要などありません。マイナンバー制度などなくとも住民サービスはできてきたのです。

地方自治体は、番号法の規定に基づき条例を定めれば、個人番号カードを独自の住民サービスに利用することが可能となります。国は、コンビニでの住民票の写しや、納税証明書などの交付サービスにカードが使えるようになれば便利なるとしています。しかし、個々の住民にとって、こうした証明書類が必要となるのは、数年に1回程度ではないでしょうか。

さらに、図書館利用カードにも使えるようにとか、カードに地域通貨が貯まるようにといった話も国は便利な例として提示しています。しかし、こうした利用は、他人に知られてはならない個人番号が書かれたカードを日常的に持ち歩くことになります。個人情報流出の危険性を増大させるだけです。

7　個人番号を書けない人

■個人番号を知らない人

個人番号を求められたときに「書く人」と「書かない人」がいますが、さらに「書けない人」も存在します。

意識的に通知カードの受け取りを拒否した人や、不在通知を受け取りながら郵便局や市役所に通知カードを取りに行かなかった人はたくさんいます。こうした人たちは、自分の個人番号を知りません。

一方、こうした人たちとは別に、個人番号を知るために通知カードを受け取りたかったが、届かないことで知ることができず、「書けない人」になった人たちもいます。届かなかった原因は、住民票の住所と実際に住んでいる居所が異なるからです。

住民票のある市役所へ通知カードを取りに行くか、個人番号が表示された住民票の写しの交付を受ければ、個人番号が分かります。しかし、例えば、同居家族によるDVや、ストーカー、借金の取り立てなどから逃げている場合、住民票のある市役所を訪れるのは精神的なことも含めて、むずかしいのではないでしょうか。また、こうした人たちは社会から孤立しているケースが多く、相談する相手もなく、どうすれば個人番号を知ることができるのかが分からない場合もあるでしょう。

政府は通知カードが発送される前に、「やむを得ない理由により住民票の住所地で通知カードを受け取れない方は、居所に送付することも可能」だとして、居所情報の登録を呼びかけていました。しかし、受付期間は、2015年8月24日から9月25日とたいへん短く、また通知カードの発送直前であったため、どれだけ該当者に伝わったのかは甚だ疑問です。

■個人番号が付番されていない人

個人番号が付番されていなければ、求められても書くことができず、「書けない人」となります。番号が付かない理由は、住民票がないからです。住民票がない理由は主に次の3つです。

1つは、戸籍はあるが住民票がない場合です。子どもが生まれると、出生届を市町村に出すことで、戸籍と住民票が作られます。その後、転居や転出入で住所地を変更した場合など登録内容に異動があった場合は、転居届や転出・転入届などを出すことで、住民票は住所地の市町村において常に正しく維持されます。

ところが届出をせずに引っ越すと、住民票がなくなってしまうことがあります。住基法は、住民票が正確になるように必要な措置をとることを市町村長に義務付けています。住所地の実態調査をしたところ居住の事実が認められなければ、本人からの届出を待つことなく職権で住民票を削除することになります。

他にも、「息子が黙って家出をしてしまった。今はどこに住んでいるのか分からない。住民票を消して欲しい」といった申し出や、近所の人や借家の貸主からの「〇〇はもう住んでいない」との通報が市町村にされる場合があります。こうしたケースについても実態調査し、居住していないとなれば住民票は削除されます。削除されれば戸籍があるにもかかわらず住民票がない人となってしまいます。

転出の届出をせず住民票を残したままいなくなる理由は、同居家族によるDVや借金の取り立てからの避難、家賃を払えなくなっての夜逃げなど様々なことが考えられます。追跡を逃れるため移り住んだ先では転入届をせず、偽名で暮らしたり、ホームレスやネットカフェ難民など住所不定状態になっていることも多いでしょう。こうした戸籍はあるが住民票がない人たちが日本に何人いるのかは、統計がなく全く分かりませんが、おそらく数十万人程度はいると思われます。

2つには、国籍はあるが戸籍がない場合です。民法の規定により、離婚届後300日以内に生まれた子は、前夫の子と推定されます。しかし、前夫の子となることを避けるために、母親から出生届がなされず、結果的に無戸籍となってしまうケースがあります。いわゆる離婚後300日問題です。こちらも統計がないので、正確な数は分かりませんが、1万人程度との推計（支援団体の「民法772条による無戸籍児家族の会」による）もあります。戸籍がない原因は他にもあると思いますが、はっきりしているのは、こうした人たちの多くには住民票がないことです。

そして在留資格のないまま日本に滞在している外国人です。法務省の統計では6万人程度とされています。これらの人たちの中には、住民票がない人も多く含まれているでしょう。

先に、政府が示している市役所の窓口での対応は、書類に番号を書かない人には書くように説得し、それでも書かない人については、職員が住民票で調べることになっていると書きました。しかし、ここでいう「書けない人」が厄介なのは、職員がいくら調べても、個人番号を見いだせないことです。住民票がなければ、個人番号は付番されていませんから、市の職員も含めて誰も番号を書くことができないのです。

■自分で「番号を書けない人」

ところで、個人番号は他人に見せてはならないことから、役所等に書類を出す際には自分で書くことが原則となっています。しかし、認知症や障害などのために書けないうえ、代わって書いてもらう家族もいない人がたくさんいます。高齢化が進めば進むほど、自分で番号が書けない人、個人番号や通知カード、個人番号カードを満足に管理できない人がどんどん増えていくでしょう。

ところが、こうした人たちへの政府の対応は、たいへん遅れています。ケアマネジャーや介護事業所が、書くのが困難な高齢者に代わって介護保険関係の手続きを行って来た実態があります。にもかかわらず厚生労働省は、申請書などへの個人番号の記載を本人が行うよう求めてきたのです。このため現場では、書類が出せなくなるではないかと混乱が起き、改善を求める声が出ました。

これに対し、厚生労働省は介護事務での個人番号の利用についてまとめた事務連絡を、10月中を目途に出すと回答しました。しかし、実際に出されたのは、制度開始直前の12月15日です。あまりにも遅いと言わざるを得ません。

今後、番号を知らない人、番号がない人、書けない人への対応がどうなっていくのかは、全く分かりません。申請書類等に番号を書けない場合は「書かなくても良い、職員が調べて書く」の方向へと進んで行くのであれば良いのですが、そうではなく「個人番号の記入」が義務化――書いていない書類は受け付けない――される可能性もあります。もしそうなれば、番号を知らない人、番号がない人、書けない人が、社会保障や行政サービスの享受、権利の行使から排除されてしまうことになります。

一方、雇用の面ではどうでしょうか。個人番号を言わないことを理由にした解雇の話や、入社時に番号を言わなかったために採用を取り消される話が、これからいくつも出て来るでしょう。番号を知らない人、番号がない人が雇用から排除されてしまうことになれば、こうした人たちはどうやって生きていくのでしょう。番号を求められない非合法な仕事や、劣悪な条件の仕事しか選ぶことができなくなり、結果的に治安の悪化を招き、社会の不安定化をもたらすのではないでしょうか。

マイナンバー制度は、人々のプライバシーの権利を侵害するだけでなく、生存権をも脅かすことになるのです。

第4章

際限なき利用拡大

1　ロードマップと閣議決定

■マイナンバー制度利活用推進ロードマップ（案）

２０１５年９月３日、番号法の改正案が、衆議院で自民党、公明党、民主党などの賛成多数で可決され成立しました。その内容は、社会保障制度における資力調査や税務調査を目的に預貯口座への個人番号の紐付けを行う、特定健診に関する事務での個人番号の利用を可能とする、予防接種の履歴について地方自治体間で情報連携を可能とするなどマイナンバー制度の利用拡大を図るものでした。

２０１３年５月に番号法が成立した際に付けられた附則には、法施行後３年を目途として、個人番号の利用範囲の拡大について検討し、必要と認めるときは、国民の理解を得つつ、所要の措置を講ずるとあります。施行後３年どころか、制度自体まだ始まっていない時点で、政府は早くも利用拡大を行ったのです。無茶苦茶としか言いようがありませんが、これで利用拡大は終了ではありません。

２０１５年５月20日に開催された政府のＩＴ総合戦略本部（安倍首相が本部長）のマイナンバー等分科会に、マイナンバー制度を担当する甘利明大臣の補佐官である福田峰之氏が「マイナンバー制度利活用推進ロードマップ（案）」と題された絵を提案しました（図４）。これは２０２０年までにマイナンバー制度と個人番号カードをどのように利用拡大していくかを示した計画図です。

ロードマップ（案）には、個人番号カードを国家公務員の身分証明証（2016年1月～）や、民間企業の社員証に使う（2016年4月以降）、クレジットカードやキャッシュカード、診察券としても利用できるようにする（2017年～2019年）、運転免許証や医師免許、教員免許とも一体化する（2018年）、健康保険証として利用する（2019年4月目途）、カジノ入館規制、オリンピック会場入場規制にも使う（2020年）と書かれています。また、2019年3月末までに個人番号カードを8700万枚交付するとしています。さらに、個人番号の利用拡大として戸籍制度（2018年）や旅券制度（2019年）の見直し、在外邦人管理制度の創設（2019年）、医療機関・介護施設等の間での医療・介護・健康情報の管理・連携（2019～2020年）などをするとしています。

とんでもない大風呂敷ですが、もともとこの絵は4月22日に開かれた自民党IT戦略特命委員会マイナンバー小委員会に、特命委員会委員長の平井たくや氏が「マイナンバー制度利活用（平井プラン）」として提案したものです。それを自民党のマイナンバー小委員会の委員長でもある福田峰之氏が表題を変えただけで、そっくりそのままIT総合戦略本部のマイナンバー等分科会に提案したのです。

なお、ロードマップ（案）が自民党IT戦略特命委員会に提案された直後の同月27日、「マイナンバー制度を活用した世界最高水準のIT国家の実現に向けて」と題した提言書を新経済連盟が出しています。面白いことに、そこには自民党や政府の動きを見透かしたかのように、「マイナンバー制度の利活用徹底に関する工程表の作成」、「2020年までのロードアップを策定し、マイナンバー制

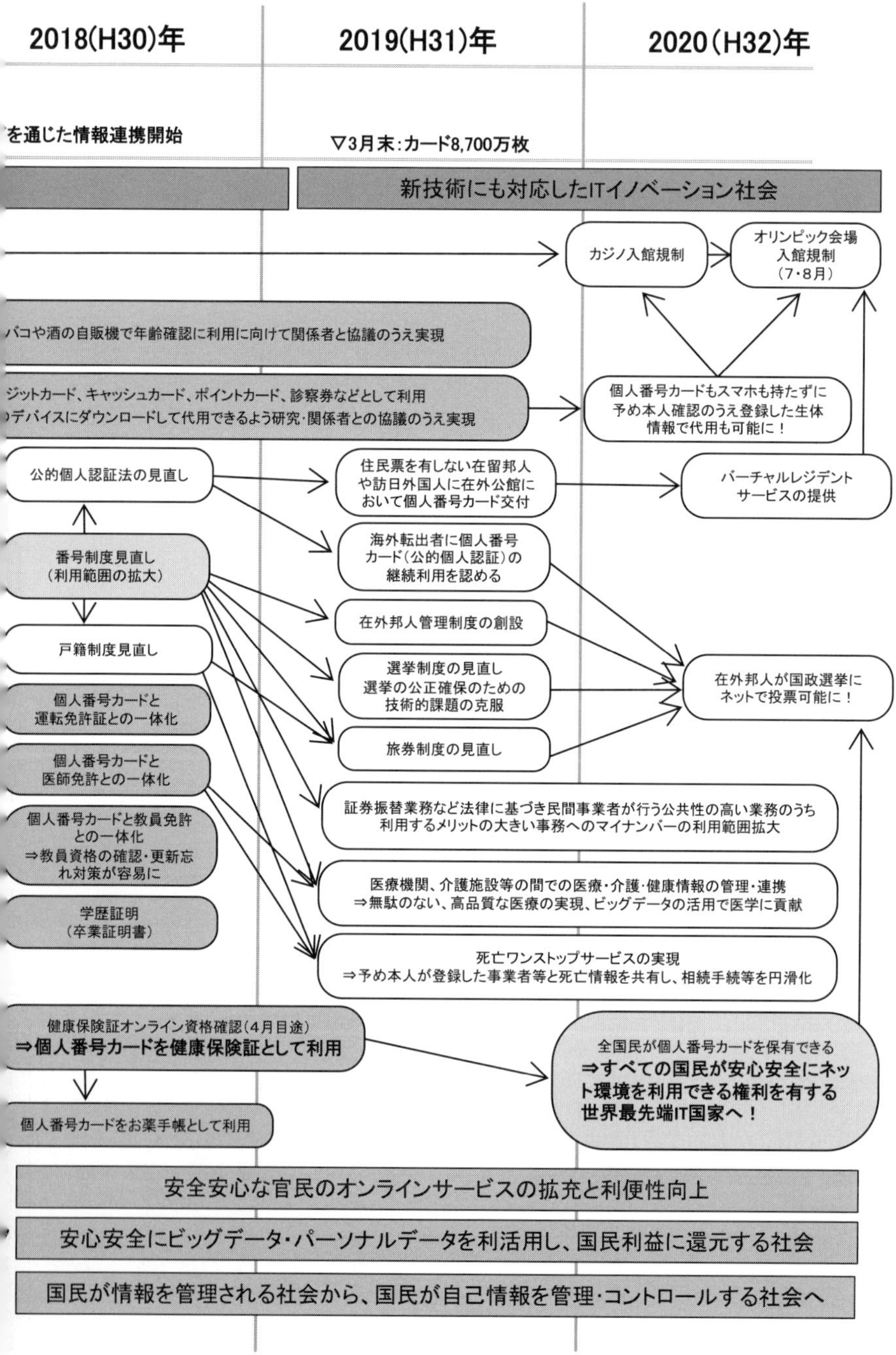
2018(H30)年
2019(H31)年
2020(H32)年
を通じた情報連携開始
▽3月末:カード8,700万枚
新技術にも対応したITイノベーション社会
カジノ入館規制
オリンピック会場
入館規制
(7・8月)
バコや酒の自販機で年齢確認に利用に向けて関係者と協議のうえ実現
ジットカード、キャッシュカード、ポイントカード、診察券などとして利用
デバイスにダウンロードして代用できるよう研究・関係者との協議のうえ実現
個人番号カードもスマホも持たずに
予め本人確認のうえ登録した生体
情報で代用も可能に!
公的個人認証法の見直し
住民票を有しない在留邦人
や訪日外国人に在外公館に
おいて個人番号カード交付
バーチャルレジデント
サービスの提供
番号制度見直し
(利用範囲の拡大)
海外転出者に個人番号
カード(公的個人認証)の
継続利用を認める
在外邦人管理制度の創設
戸籍制度見直し
選挙制度の見直し
選挙の公正確保のための
技術的課題の克服
在外邦人が国政選挙に
ネットで投票可能に!
個人番号カードと
運転免許証との一体化
旅券制度の見直し
個人番号カードと
医師免許との一体化
証券振替業務など法律に基づき民間事業者が行う公共性の高い業務のうち
利用するメリットの大きい事務へのマイナンバーの利用範囲拡大
個人番号カードと教員免許
との一体化
⇒教員資格の確認・更新忘
れ対策が容易に
医療機関、介護施設等の間での医療・介護・健康情報の管理・連携
⇒無駄のない、高品質な医療の実現、ビッグデータの活用で医学に貢献
学歴証明
(卒業証明書)
死亡ワンストップサービスの実現
⇒予め本人が登録した事業者等と死亡情報を共有し、相続手続等を円滑化
健康保険証オンライン資格確認(4月目途)
⇒個人番号カードを健康保険証として利用
全国民が個人番号カードを保有できる
⇒すべての国民が安心安全にネット環境を利用できる権利を有する
世界最先端IT国家へ!
個人番号カードをお薬手帳として利用
安全安心な官民のオンラインサービスの拡充と利便性向上
安心安全にビッグデータ・パーソナルデータを利活用し、国民利益に還元する社会
国民が情報を管理される社会から、国民が自己情報を管理・コントロールする社会へ

図4　「マイナンバー制度利活用推進ロードマップ（案）」

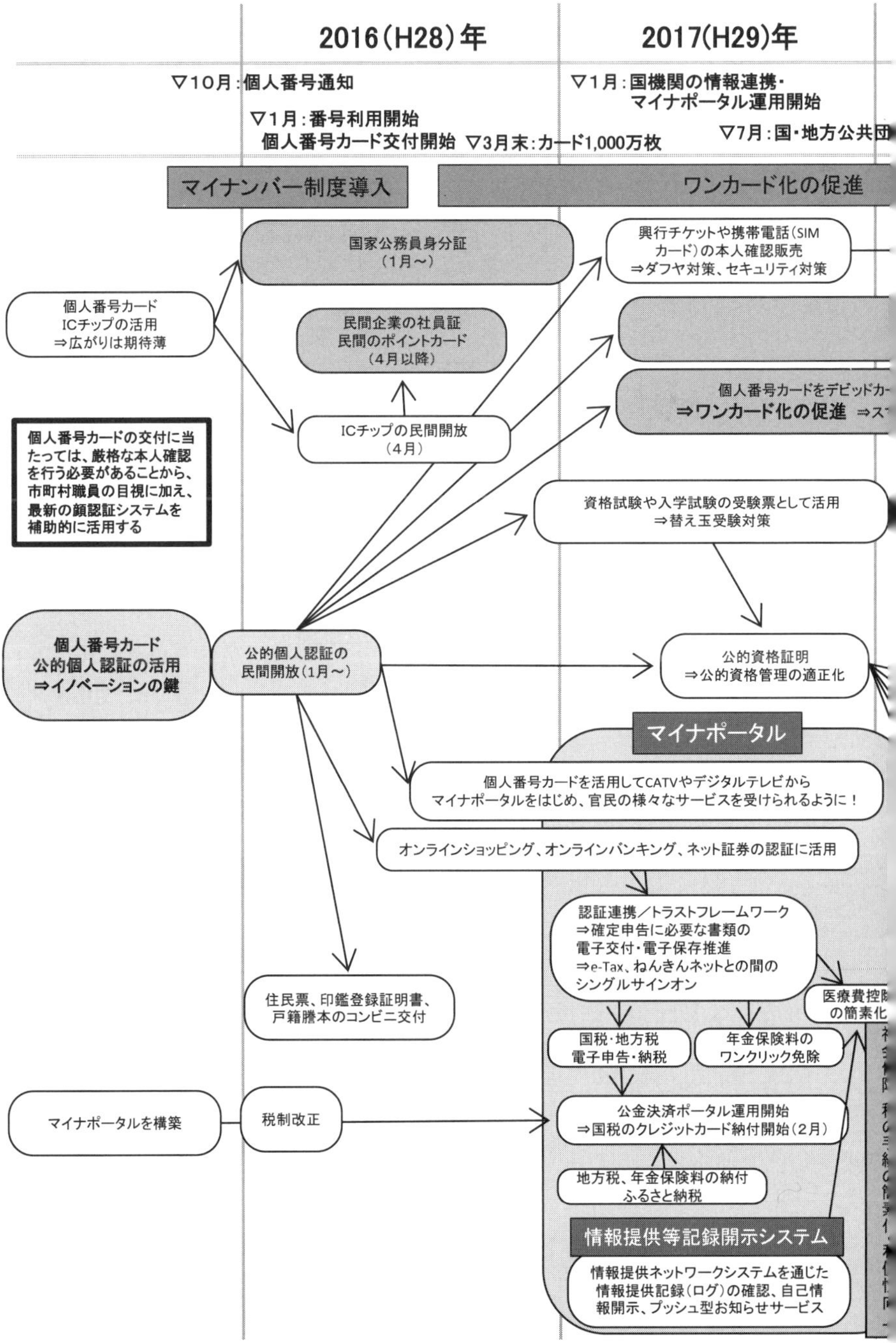

出典　ＩＴ総合戦略本部マイナンバー等分科会第９回会合(2015年５月20日)

度の利活用拡大を進める」との文言があります。新経済連盟の代表理事の三木谷氏と安倍首相とはたいへん仲が良いと聞きますから、以心伝心でことが進んでいるのかも知れません。

■閣議決定された3つの政府方針

ロードマップ（案）が示された1ヶ月ほど後の6月30日、マイナンバー制度と個人番号カードの利用拡大を盛り込んだ3つの政府方針、すなわち経済財政諮問会議（安倍首相が本部長）が取りまとめた「経済財政運営と改革の基本方針2015」、IT総合戦略本部（安倍首相が本部長）で議論されてきた「世界最先端IT国家創造宣言　改訂」、そして産業競争力会議（安倍首相が議長）の「日本再興戦略　改訂2015」が、閣議決定されました。なお、この日の閣議は朝夕の2回開かれていますが、議事に要した時間はあわせても、わずか20分足らずでした。

「経済財政運営と改革の基本方針2015」は、マイナンバーで税・社会保険料徴収の適正化を進めるとともに、金融資産の保有状況と医療保険、介護保険の負担額を連動させるとしています。また、固定資産（土地・家屋）にも個人番号を紐付けし、税・社会保険料の徴収強化に役立てるとも書いています。

「世界最先端IT国家創造宣言　改訂」は、マイナンバー制度を「豊かな暮らしを実現するための基盤」と位置づけ、戸籍事務、旅券事務、在外邦人の情報管理業務、証券分野等での利用の検討を進め、2019年通常国会を目途に必要な法制上の措置などを講ずるとしています。個人番号カードについては、2016年1月から国家公務員の身分証とするとともに、地方自治体などの職員証や民間企業の社員証等としての利用の検討を促すと書かれています。また、キャッシュカードやデビットカード、クレジットカードとして2017年度以降の利用について民間事業者と検討を進めるとともに、2017年7月以降早期に健康保険証として利用することを可能にする――ロードマップ（案）より1年以上前倒し――とあります。さらに、2017年1月のマイナポータルの運用開始に合わせ、個人番号カードの公的個人認証機能を活用し、官民の証明書類の提出や引っ越し・死亡等に係るワンストップサービスなどを順次実現するとしています。

そして「日本再興戦略　改訂2015」は、新たなビジネスモデルの創出に向け、マイナンバー制度の戸籍や旅券での利用を2019年に法案化するとしています。また、2017年7月以降の早期に個人番号カードを健康保険証に利用できるようにするとともに、キャッシュカードやクレジットカードとしての利用も検討するとあります。さらに医療分野における番号については、個人番号と紐付けをし、2018年度から段階的に運用を開始するとしています。

以上でお分かりのように、先のロードマップ（案）は、2015年6月30日をもって、ほとんどの国民があずかり知らないうちに実質的に国の方針になったのです。今後、その実現へ向け、人と予算が投入されていくことになります。机上の空論に過ぎず、とてもできそうにないことも並んでいます。しかし、問題はできそうにもないことをやろうとしている政府の姿勢にこそあるのです。こんな人達に任せていたのでは、残念ながら日本の未来は真っ暗です。

また万が一、ロードマップ（案）などの構想が「絵に描いた餅」に終わったとしても、それまでには膨大な予算が注ぎ込まれているでしょう。無駄なカネを使わせないためにも、こうした拡大は今すぐやめさせることが必要です。

2　暴走する個人番号カード普及策

■個人番号カードの一括申請

２０１５年8月20日付けの「日本経済新聞」は「マイナンバー、職場で配布　カードの一括申請可能に」という記事を掲載しました。そして翌21日付けの「毎日新聞」には「一部の学校で『カードを学生証として利用したい』」との要望があり、学校が学生分を一括申請することも検討している。」との記事が載りました。

そんな馬鹿なことがと思っていたのですが、これらの記事が出た1ヶ月後の9月18日、総務省令が改正され、「法人（法人でない団体で代表者又は管理人の定めのあるものを含む。以下この号において同じ。）が当該法人の事務所、事業所その他これらに準ずるものにおいて二以上の交付申請者に係る交付申請書を取りまとめることができる」なら、一括申請が可能となったのです。

「法人」ですから、株式会社だけでなく、学校法人でも医療法人でも社会福祉法人でも宗教法人でも一括申請できます。また括弧書きで「法人でない団体で代表者又は管理人の定めのあるものを含む」としていますから、町内会や老人会、マンションの管理組合でもできることになります。

省令は取りまとめる対象について、何ら限定していません。従業員の家族、学校法人の児童・生徒・学生・保護者、医療法人の患者、社会福祉法人の入所者、宗教法人の信者どころか、町内会でまとめれば近所の人たちでも一括申請が可能になります。

このような規定では、個人番号カードの一括申請は、際限なく広がってしまい、申請や交付の過程でプライバシーの侵害や漏えいが起きる可能性が極めて大きくなります。また、法人が法人の関係者に、カードの申請を強要することにもなりかねません。

「世界最先端ＩＴ国家創造宣言　改訂」には、個人番号カードを、２０１６年1月から国家公務員の身分証とするとともに、地方自治体などの職員証や民間企業の社員証等としての利用の検討も促すとあります。しかし、身分証や職員証、社員証などとして使うには、職員や社員が全員、個人番号カードを持っている必要があります。個人に交付申請を任せていたのでは、そろうまで時間がかかりますし、応じない者が出てくるおそれもあります。一括申請は、こうした〝問題〟を解決するために考え出された方法なのかも知れません。

ところで、「毎日新聞」に載った「カードを学生証として利用したい」とする一部の学校がどこであるのかは分かりませんが、東京大学大学院の須藤修教授が、２０１５年5月20日に開かれたＩＴ総合戦略本部のマイナンバー等分科会——福田内閣府大臣補佐官がロードマップ（案）を提案した会議——で、以下の発言をされていますので、ご紹介します。

……私は3月まで情報学環長をやっていたもので、東大本部での部局長及び総長、理事の会合で、東大の学生証及び職員証をマイナンバーに切りかえるべきだという提案を申し上げた……

■個人番号カードを身分証にする「カードケース」

では、どのようにして個人番号カードを国家公務員の身分証として使うのでしょうか。

2015年9月4日に開かれた各府省情報化統括責任者（CIO）連絡会議で配布された資料「国家公務員ICカードの個人番号カードへの一体化について」には、こう書かれています。「個人番号カードをそのまま利用するのではなく、業務に不要な情報を隠し、所属を記載したカードケース等を用意する事で、国家公務員であることを可視可能にする」と。ケースに入れて身分証にとは、驚くべきアナログ手法です。この方式で構わないなら、社員証や学生証もたやすく実現されるでしょう。

なお、実施時期については2016年4月1日以降とし、現行の国家公務員ICカード身分証の運用実態を踏まえ、各府省において切り替えスケジュールを作成し、着実に遂行することとあります。

ところで、個人番号カードは、国家公務員だからといって身分証だけに使うのではありません。政府は、レンタルショップなどでの身分証として使えるほか、図書館カードや印鑑登録証など地方自治体が条例で定める様々なサービスに利用できるとしています。また、将来的にはクレジットカードや健康保険証などとしても使えるようにする計画です。こうした利用に際しては、カードケースから個人番号カード本体を取り出す必要があるでしょう。ですから、ケースは本人等の意思でいつでも自由にカードを出せるような仕様にしなければなりません。カードとケースを分離困難な状態に一体化することはできないのです。

ということは、こうした方式では、ケースさえ入手できれば、誰でもが国家公務員に成りすますことができることになってしまいます。さらに民間人ではなく、悪いことを思いついた者が国家公務員であれば、例えば他部署の同僚のケースをちょっと拝借——合意の上でも当然あり得るでしょう——して、その部署の職員のふりをすることもできてしまいます。なぜ、そんなことをするのか目的は分かりませんが可能性としてあり得るでしょう。

「いやそうではない。カードケースだけでなく、個人番号カードのICチップも身分証明に利用するのだ」との声が、どこかから聞こえてきそうです。政府庁舎への入退館のゲートの開閉にICチップに記録された情報を使うのは、現在のICカード身分証でも行われています。したがって、個人番号カードでも同様に行われるでしょう。しかし、言うまでもないことですが、カードケースに入った個人番号カードが国家公務員のものであるか否かを、ICチップに記録された情報で確認できるのは、入退館のゲートなど特別なところだけです。訪問先で、ICチップに記録された情報をもとに、この人は本当に国家公務員なのかどうかを応対した人が確認できるはずがありません。結局のところカードケースに頼らざるを得ないのです。

政府は、個人番号カードの身分証としての利用を、国家公務員だけでなく、地方自治体や独立行政法人、国立大学法人や民間企業にまで広げようとしています。バカだなと笑っていられない事態がみなさんの職場にも、訪れるかも知れないのです。おそらく市役所や国立大学などはすぐにでも「右へならえ」をさせられるでしょう。

■DNP——カード申請は証明写真機で

個人番号カードは街角の証明写真機からも交付申請できます。写真を撮って、通知カードに付いていた交付申請書のQRコードを証明写真機のバーコードリーダーにかざせばOKです。

どうしてこうした方法が可能かと言うと、2015年10月1日に個人番号カードの交付申請書の提出の方法の一つとして、「前号の図形（引用者-QRコード）を用いて、総務大臣が適当と認める証明写真機から電気通信回線を通じて機構の使用に係る電子計算機に個人番号カードの申請に係る情報の送信を行う方法」も可とする総務省告示がなされたからです。

少しだけ時間を遡ります。2015年5月14日、自民党本部にて自民党IT戦略特命委員会のマイナンバー利活用推進小委員会が開催されました。この小委員会には、自民党から平井たくや氏が委員長として、福田峰之氏が小委員長として、さらに関係省庁から官僚のみなさんが出席しています。

この日は、世界有数の印刷会社である大日本印刷（DNP）が、「マイナンバー民間利活用アイデア」と題した資料を提出しています。資料には「1．証明写真機を使った〝個人番号カードの申請〟について」と題した絵とともに、次のような説明書きがあります。

証明写真機を利用して、いつでも簡単に個人番号カードの申請ができます。

1．交付申請書のQRコードを読み取り、顔写真を撮影するだけ。
2．本人確認写真に相応しい高品質写真がセルフで撮影できます。
3．設置スペースや撮影環境に応じた製品をご用意しています。

その実現方式として、「マチナカにある証明写真機『Ｋｉ－Ｒｅ－ｉ』を使って」、「用途を絞った、簡易型証明写真機」、「簡易な顔写真手撮りシステム」の３つが、また、利用シーンとして、「自治体窓口の脇に」「公共機関や企業での一括申請時に」「市町村区イベントの際に」との提案がなされています。

この自民党の会議が開かれたのは5月。そこで出された一企業の提案を実現するために、わずか４ヶ月後には総務省告示が行われました。安倍政権のスピード感はもはや尋常ではありません。それはもう奇跡と言っても良いでしょう。

街角にある証明写真機は、すべてがＤＮＰのものではありません。富士フイルムなど他の会社のものもあります。しかし、Ｊ－ＬＩＳの「個人番号カード総合サイト」からリンクが張られているのはＤＮＰのホームページだけです（２０１５年12月現在）。ＤＮＰ以外の証明写真機からは直接交付申請はできないのでしょうか。もしそうなら、なぜなのでしょう。解せない話です。

３　個人番号カードと顔認証

■個人番号カードを取りに行くと顔認証システムにかけられる

本書を執筆している２０１５年12月の時点では、実際にはどうなっているのかは分かりませんが、総務省の方針通りにことが進んでいれば、全国の市町村の窓口で、個人番号カードを交付する際に、顔認証システムが使われているはずです。

個人番号カードの写真とカードを取りに来た人の顔を比べ、本人だと判別できれば、カードはすぐに渡されます。しかし、判別できないときは、カードの写真をスキャナで読み取って得た顔の画像と、その場で撮影した顔の画像とを顔認証システムが比較し、同一人物なのかどうかを判定します。もし、顔認証システムが違うと判定したり、取りに来た人が顔認証システムを拒んだりすれば、カードは渡されません。

住民のプライバシーの権利を侵害しかねないたいへん重大な問題です。しかし、顔認証システムで判定する根拠は番号法にも政省令にもありません。驚くべきことに総務省自治行政局が定め9月29日付けで全国の市町村に示した「通知カード及び個人番号カードの交付等に関する事務処理要領」と「事務処理要領に係る質疑応答集」だけが根拠なのです。

事務処理要領にはこうあります。

（個人番号カードの交付に際して――引用者）個人番号カードに添付された写真と交付申請者との同一性を、顔認証システムを活用しながら確認する。この場合において、まず目視により同一性の確認を行い、同一性が容易かつ確実に識別できると認める場合を除き、あわせて顔認証システムによる同一性の判定を行う。当該判定において同一性が確認できるとされた場合には、特段の事情のない限り、交付して差し支えない。一方、当該判定において同一性が確認できないとされた場合には、交付しないこととする。

なお、当該判定に先立ち、交付申請者に対し、個人番号カードに添付された写真と交付申請者との同一性を判定するため、顔認証システムを活用すること、及び撮影した画像は当該判定以外に利用せず、かつ、保存されないことを説明する。

また、「事務処理要領に係る質疑応答集」には、

問15　顔認証システムは、必ず導入しなければならないのか。
答　原則として全市町村で導入し、活用することを想定している。

これだけを根拠に、全市町村に顔認証システムを導入させ、カードを取りに来た住民を顔認証システムにかけるのは、あまりにも無茶ではないでしょうか。それが本当に必要なら、きちっと番号法にうたうなり、政省令に明記するなりすべきでしょう。

なお、この事務処理要領が示された後の10月1日に、総務省から「個人番号カード交付時における顔認証システムの積極的な活用について」と題する事務連絡があらためて市町村に通知されています。その中に次のような一文があります。

顔認証システムを活用しない場合は（目視により同一性が容易かつ確実に識別できると判断する場

合）には、当該判断を行った担当職員と日時について、記録すること。

総務省は、目視で確認した場合の責任を職員個人に負いかぶせるつもりのようです。こんなことを言われれば、職員は責任を負いたくないとして、交付を受けに来た申請者全員を顔認証システムにかけざるを得なくなるでしょう。総務省の言う通りにすれば、窓口が大混乱するのは確実です。

ところで、住基カードでは他人が申請の際に本人に成りすまし、不正に交付を受ける事件が何件も起きています。個人番号カードの交付の際に、顔認証システムで比較するのは、カードを取りに来た者の顔と交付申請書に貼られた顔写真とです。もし、住基カードの不正取得と同様に交付申請書に貼られた顔写真が既に成りすましされたものなら、顔認証システムを使ったところでどうにもなりません。

■顔認証システムを自民党に提案したのはNEC

この顔認証システムを使うには、市町村はカメラ、スキャナ、パソコンを用意する必要がありますが、ソフトウェア自体はJ－LISがNECに発注（金額は未公表）し、市町村に負担なしで配付されています。

「日経コンピュータ」のホームページに掲載されている2015年9月16日付けの記事「NEC、マイナンバー制度で全国1743の地方公共団体に顔認証システム導入」の末尾には「NECは自民党IT戦略特命委員会で『個人番号カードの民間利活用』として顔認証システムを紹介していた」とあります。これは、おそらく、証明写真機のところでも出て来た自民党のＩＴ戦略特命委員会のマイナンバー利活用推進小委員会のことでしょう。

２０１５年4月22日に自民党本部で開催された小委員会に、ＮＥＣは「個人番号カードの民間利活用について」と題した資料を提案しており、その中に顔認証に関する情報が掲載されています。この小委員会には、平井たくや氏や福田峰之氏はもちろん、内閣府の向井治紀社会保障改革担当室内閣審議官など官僚の方々も出席しています。

4月の自民党の会議に一企業が提案したものが、その5ヶ月後には事務処理要領に盛り込まれ、ほぼそのままその企業のシステムが採用されたのだとしたら、証明写真機と負けず劣らずの驚くべき素早さです。

なお、「事務処理要領」を示す20日前の9月9日に総務省自治行政局が全国の市町村に示した事務連絡「個人番号カード交付時における顔認証システムの活用について」に付けられた「質疑応答集（案）」では「原則として全市区町村で導入し活用することを想定しているが、例えば人口が少ないため申請者が少なく、同一性が容易に識別できるか否か疑義があると認める場合が少ないことが見込まれ、目視のみで十分に厳格な確認ができると判断する市区町村においては、活用しないこととしても差し支えない」と書かれていました。「事務処理要領に係る質疑応答集」では、「案」にあった「例えば」以下は削られています。なぜ削除されたのでしょう。いらないという市町村がたくさん出て来るとＪ－ＬＩＳだけでなくＮＥＣも困ると、誰かが判断したのでしょうか。

因みに、「しんぶん赤旗」（２０１５年11月8日付け）は、ＮＥＣは自民党の政治資金団体「国民政治協会」に、2009～13年の5年間に5400万円の政治献金をしていると報じています。

■15年間保存される個人番号カードの顔写真

ところで、個人番号カードの写真は、交付申請書に貼り付けた写真ですが、この写真は誰がどこで保存しているのでしょう。

番号法（17条）には、市町村長は、申請により個人番号カードを交付する場合、その者から「主務省令で定める書類の提示を受け」とあります。次に施行令（13条）を見ると、個人番号カードの交付を受けようとする者は「総務省令で定める事項を記載し、かつ、交付申請者の写真を添付した交付申請書を、住所地市町村長に提出しなければならない。」と書かれています。交付申請書の保存については何も規定されていません。

さらに総務省令（23条）を見ると、ようやく「住所地市町村長は、法第十七条第一項の規定により交付した個人番号カードに係る交付申請書を、その受理した日から十五年間保存するものとする。」とありました。交付申請書を15年間保存するということは、添付された写真も同様に市町村長が15年間保存することになります。

一方、個人番号カードの有効期間は、総務省令（26条）によると、発行の日において20歳以上の者は「当該発行の日から当該発行の日後のその者の十回目の誕生日まで」、また発行の日において20歳未満の者は「当該発行の日から当該発行の日後のその者の五回目の誕生日まで」となっています。ですから、交付申請書と添付写真は個人カードの有効期間が切れた後もおよそ5年または10年保存されることになります。

■8700万人の顔写真をJ－LISが保有することに

では、市町村長――要するに市役所や町村役場――が交付申請書と添付写真を自ら保存するのかというと実はそうではありません。

総務省令には次のような規定が存在します。

（通知カード・個人番号カード関連事務の委任）

第三十五条　市町村長は、地方公共団体情報システム機構（以下「機構」という。）に、通知カード及び個人番号カードに係る事務のうち次に掲げる事務（以下「通知カード・個人番号カード関連事務」という。）を行わせることができる。

【一～二　略】

三　交付申請書及び第二十八条第一項に規定する再交付申請書の受付及び保存

【以下略】

現実にはすべての市町村が、通知カード・個人番号カード関連事務をJ－LIS（地方公共団体情報システム機構）に委任していますから、J－LISが、日本全国から送られてきたすべての交付申請書と添付写真を保存することになります。

なお、保存の方法については、総務省自治行政局が定めた「通知カード及び個人番号カードの交付等に関する事務処理要領」の中に、「住所地市町村長は、交付した個人番号カードに係る交付申請書を、その受理した日から15年間保存する（省令第23条）。保存の方法は、原本や写しを保存する方法でなくとも、電磁気的方法によることとして差し支えない。」と書かれています。

政府は2019年3月末までに、個人番号カードを8700万枚普及（「マイナンバー制度利活用推進ロードマップ（案）」）させるとしていますから、J－LISには、短期間に数千万枚もの交付申請書が送られてくることになります。管理の手間を考えれば、原本や写しではなく、電磁気的方法、すなわちデジタル化された情報として保存するでしょう。ですからJ－LISは、日本に住む数千万人分の顔写真をデジタル情報として記録、保存することになるのです。こんな組織は、日本には他にありません。

現在、市役所や駅、公園などの公共施設だけでなく、コンビニやショッピングセンターといった商業施設、金融機関、そして街角にも防犯カメラが、何ら規制されることなくどんどん設置されています。こうしたカメラとJ－LISが保存する顔写真が連動することはないのでしょうか。個人番号カード交付のために集められる顔写真は、防犯カメラによる顔の識別にも耐えうるレベルであることは、交付の際に顔認証システムで使われることからも明かです。J－LISに集積された国民の顔写真が、政府によって、今後どう使われていくのかを考えると背筋が冷たくなるのは私だけではないと思います。

4　ドンドン暴走、マイナンバー

■「NHK受信料徴収にマイナンバーの活用」は誰の発案？

2015年10月1日、共同通信は「NHK、マイナンバーの活用検討　受信料徴収で籾井会長」と報じました。このニュースに対して、政府のこれまでの説明である「社会保障、税、災害対策の分野で利用」に反している、NHKは行政機関ではない、彼はマイナンバーがどういうものか理解していないなど、籾井勝人NHK会長への批判が、ネットなどで盛んに流れました。しかし、本当に「受信料徴収でのマイナンバーの活用」は、制度理解が不十分な会長が「独自の判断」で勝手に言っただけのことなのでしょうか。

「マイナンバーの活用検討」の話が出たのは、毎月行われている会長記者会見でのことです。「産経新聞」のホームページには「NHK籾井会長定例会見録」として、10月1日の会見の詳報が掲載されています。マイナンバーに関する部分を抜き出すと、

——自民党小委員会は、マイナンバー制度の活用も検討するよう提言している。これについてはどう考えるか。

「今のところ何とも言えないが、何となく、使えばもっと便利なのではないか、という気はする。ただ、まだよく分からない」、「積極的に、活用については検討したい」

マイナンバーの話は、記者の質問に答える中で出てきたようです。また、質問の中にある自民党小委員会とは、「自民党情報通信戦略調査会」の「放送法の改正に関する小委員会」のことです。

この小委員会は2015年9月24日に「第一次提言」を総務省とNHKに向けて出しています。翌日「共同通信」は、提言について次のように報じています。

……提言書では、義務化についての具体的な制度設計や、マイナンバーを活用した支払率向上に向けた仕組みづくりの検討を総務省に要請。NHKに対しては、義務化が実現した場合、どの程度の値下げが可能になるか試算するよう求めた。……

要するに、マイナンバー云々は、籾井会長が「独自の判断」で勝手に言い出したことではなく、自民党の提言を受けたものだったのです。

自民党と籾井会長との関係を考えれば、会長が「提言は受けたが、マイナンバーの受信料徴収への利用拡大は、これまでの政府の説明を逸脱している、無理筋だ」と批判することなどあり得ないでしょう。彼は、安倍政権の意向をそのまま実行するだけの人物です。批判すべきは、マイナンバーの際限なき利用拡大を図る自民党、安倍政権なのです。

高市総務大臣は、翌2日の閣議後記者会見で、NHK会長のマイナンバー制度活用に関する発言について問われて、籾井会長がマイナンバー制度を活用した受信料の支払いということですか、そういうことで発言をされたと、それは私は報道で知ったのですけれども、マイナンバー制度の利活用範囲の拡大につきましては、「日本再興戦略」においても明記をされていますので、総務省でも、有識者による懇談会を先般立ち上げをしました。

と、すっとぼけた答弁をしています。そして、そのうえで「NHKによる活用についても、まずはNHKにおいて検討を進めていただいて、また、その状況を御提言いただけたらと思っております」としています。

自民党が提言をし、NHK会長がそれに応じ、総務大臣がこれを追認し、NHKに検討を要請するという筋書き通りにことが運ばれただけです。受信料の支払率の向上のためにマイナンバーをどう使うのかは全く分かりませんが、それが会長個人の考えではなく、自民党と政府の方針であることは間違いありません。たとえ籾井氏が会長職を退いても、現在の自民党とNHKの関係が維持される限り、「受信料徴収にマイナンバーを活用」の方針は変わることはないでしょう。

■健康保険証が前提の個人番号カード

インターネットで記事を配信する新聞「ハフィントン・ポスト」の2015年10月3日付けの記事「『マイナンバー離婚』が話題　家族に副業がバレるの?·政府担当者に聞いてみた」に、「マイナンバーカードのイメージ見本（２０１５年５月29日撮影）」、「時事通信社」と説明が付けられた写真が掲載されました。カードの裏面の右下は、なぜか白いテープで隠されています。何だろうと拡大し色補正すると「保険者　１２３４５６７８」「記号　１２３４５６７８」「番号　１２３４５６」「本人」の文字が浮かび上がりました。これはどう見ても健康保険証です。

この写真が撮影された20日後の６月18日の衆議院予算委員会で、安倍首相は、日本共産党の高橋千鶴子議員の質問に、次のように答弁しています。

今後、個人番号カードに健康保険証の機能を持たせることや、あるいは医療連携や医学研究に利用可能な番号を導入することについて、マイナンバー制度のインフラも活用しつつ、医療情報の機微性に配慮してセキュリティーを確保し、安全性と効率性、利便性の両面が確保された仕組みとなるように検討していく考えであります。

「個人番号カードに健康保険証の機能を持たせること」は、あくまでも「検討していく」です。これは政府の最高責任者の答弁です。しかし、実際には、政府は健康保険証の機能を載せることは既に決まったこととしてデザインし、少なくとも時事通信社には公表していたのです。国会軽視もはなはだしい話です。民主主義はどこに行ったのでしょう。マイナンバーは、安倍政権のもとドンドン暴走しているのです。

なお、「２０１７年７月以降早期に医療保険のオンライン資格確認システムを整備し、個人番号カードを健康保険証として利用することを可能とする」と書かれた「日本再興戦略　改訂2015」が閣議決定されたのは、答弁から12日後の6月30日です。

では、実際に交付される個人番号カードはどうなっているのでしょう。本書を書いているのは12月ですから本物をまだ見ることはできませんが、通知カードに同封されていた説明書にはカード「みほん」が掲載されています。裏面の右下には大きな空白があります。健康保険証として使うことは、もはや既成事実として準備が着々と進められているようです。

ところで、どのようにして、この空白部分に健康保険証の情報を載せるのでしょうか。交付した個人番号カードを一旦回収し、印字して返すのでしょうか。転職などで加入している健康保険組合が変わった場合はどうするのでしょう。健康保険組合が組合員にシールを配布し、各自に貼らせるのだという噂はありますが、真相は不明です。

健康保険証には、オンライン資格確認が目的

そもそも個人番号カードを健康保険証にする目的は何でしょう。カードをできる限り多くの国民に普及させたいだけでしょうか。

政府・与党社会保障改革検討本部が2010年6月に決定した「社会保障・税番号大綱」には、「医療機関におけるオンラインでの医療保険資格の確認を可能にすることにより……保険者の異動情報が確認できないこと等により生じている医療費の過誤調整事務が軽減でき、医療機関・審査支払機関・保険者等における事務コストを削減できる」と書かれています。

これはどういうことでしょうか。医療機関へ診療を受けるために健康保険証として使えるようになった個人番号カードを持って行きます。窓口に置かれたカード読取機に個人番号カードを通します。すると、カードの持ち主の保険資格に関するデータが、医療保険者のデータベースからオンラインで瞬時に送られてきます。これにより、すでに保険資格を失った者が、医療保険を不正に使おうとしても喪失状態であることが、その場でたちどころに判明してしまいます。

現在は、何らかの理由により資格が失われ、すでに無効になっている健康保険証であっても窓口で提示されると、その場で資格確認はできませんから、有効なものとして扱われてしまいます。こうした誤った使用が行われると、後で保険者・医療機関・審査支払機関における医療費の過誤調整事務が必要となります。ところが個人番号カードを使ったオンラインでの資格確認ができれば、誤った使用は窓口で防ぐことができます。過誤調整事務が軽減され、事務コストを削減できるという話です。

ところで、保険料滞納者からの国民健康保険証の取り上げや「被保険者資格証明書」の交付が、診療抑制による病気の重症化などを招き、命に関わることとして問題になっています。保険証の役割を個人番号カードに持たせることは、保険者である市町村にとって、たいへん〝便利な〟機能となります。なぜなら保険証の返還を受けたり、〝特別の事情〟を聞くために滞納者に会う必要もなく、オンラインでいつでも自由に一方的に、個人番号カードから健康保険証の機能を喪失させたり、それを資格証明書へと変更できるからです。

自動改札機が期限切れの定期券による駅への入場を拒否したり、クレジット会社が支払いの滞ったクレジットカードをオンラインで無効にしたりすることに、おそらくだれも疑問を感じていないでしょう。これは、代金を支払わなければ、商品やサービスを手に入れることができない資本主義社会のルールに、慣れ親しんでいるからです。

個人番号カードを健康保険証として使わせることは、病院の窓口を自動改札機に、市町村などの保険者をクレジットカード会社にすることであり、健康保険制度と医療を今まで以上に商品化させる——国民の意識も含め——ことにつながるでしょう。「生存権の具現化である受診権は、社会権の1つであり、お金を支払ったかどうかで権利が生まれるわけではない」(芝田英昭『国保はどこへ向かうのか　再生への道をさぐる』新日本出版社、２０１０年)にもかかわらずです。

２０１５年12月10日、厚生労働省の「医療等分野における番号制度の活用等に関する研究会」が報告書を取りまとめています。そこにはオンライン資格確認は、個人番号カードの活用を基本とすることが合理的であり、「平成30年度から段階的に導入し、平成32年までに本格運用を目指して、準備を進めていく必要がある」(概要)と書かれています。平成32年(２０２０年)ということは、わずか4年先です。

個人番号カードが健康保険証になれば、カードを持たないという選択は、健康保険を利用しない限り、極めて困難になり、乳幼児から高齢者まですべての人が持たざるを得なくなります。また、病院通いの多い高齢者などは日常的に持ち歩くことになり、紛失や盗難にあう可能性が高まるでしょう。さらに、個人番号カードには個人番号が記載されていますから、番号と医療情報が結びつけられる危険性も出て来ます。

■福田大臣補佐官「自分の番号が入ったTシャツを作ろうと思う」

以上のように、マイナンバーを巡る暴走はあげればきりがない状態ですが、最後にもう一つ。「週刊エコノミスト」の2015年9月15日号は、「マイナンバーがやって来る」と題した特集記事を掲載しました。編集部による「基礎知識Q&A」などとともに、福田峰之氏へのインタビュー記事が載っています。話は「マイナンバーを所管する甘利明・社会保障と税の一体改革担当相の補佐官として、制度全体の進捗状況を管理している」との自己紹介から始まり、セキュリティに関わって「便乗商売が横行しているのは事実。それはやめてもらいたい。法律的にも、それほど大変な準備を求めていない」と述べています。その後の話はやや脱線気味ですが、「目指している世界観を一言で表現すると『カード1枚で生活できる』だ。財布にカードが何十枚も入っている人がいるが、私がやっている仕事は、それを1枚にすることだ」、「(マイナンバーのカードを)仮に落としても暗証番号が分からなければ、拾った人は何も出来ない」と続きます。そして、その後に次の衝撃の発言。

番号はただの「名前」。私が「福田峰之」と知られて、まずいことは何もないということと同じだ。私は自分の番号が入ったTシャツを作ろうと思っている。番号を知られても問題がないということを、自ら実践する。

驚かれた方も多いと思いますが、あらためて内閣官房のページのFAQを見てみると、

Q5－8　自分のマイナンバー（個人番号）を取り扱う際に気を付けることは何ですか？
A5－8　マイナンバーは、生涯にわたって利用する番号なので、忘失したり、漏えいしたりしないように大切に保管してください。法律や条例で決められている社会保障、税、災害対策の手続きで行政機関や勤務先などに提示する以外は、むやみにマイナンバーを他人に教えないようにしてください。他の手続きのパスワードなどにマイナンバーを使うことも避けてください。（2014年7月回答）

と書かれています。「むやみにマイナンバーを他人に教えないようにしてください」の説明と、福田補佐官の「自分の番号が入ったTシャツ」は、明らかに矛盾しています。

もちろん福田さんは本気ではなく「冗談」なのでしょう。しかし、国や地方自治体などの関係機関、全国の民間企業や事業所がマイナンバーの対策に汗を流し、お金も使い、どうやって個人番号を守ろうかと苦労しているときに、多くの国民が不安を抱えているときに、担当大臣の補佐官としてすべき発言だとは到底思えません。こうした「お気楽な人」が責任者をしているのです。マイナンバー制度を信用することなど到底無理な話です。

■マイナンバーの暴走の果てには何が

これまでの「常識」では考えられないことが、マイナンバーの界隈で起きていることが分かっていただけたと思います。こうした暴走が続けば、マイナンバーの利用は「利活用推進ロードマップ

（案）」をも上回る形で、とめどもなく拡大し、やがて個人番号と、官民の持つあらゆる個人情報が紐付けられることになるでしょう。そして、個人番号カードを「持って当たり前」、「持たないと暮らせない」社会となるのは間違いないでしょう。

おそらく2020年が大きな節目になると思います。東京オリンピック開催に合わせて個人番号カードを身分証として常時携帯――少なくとも東京周辺において――することが、事実上の義務となる可能性があります。マスコミが「安全安心なオリンピックを」と常時携帯キャンペーンを繰り広げ、「なぜ、あなたは持たないのか。理解できない」、「持たないのは何か怪しいことがあるからだろう」という声が街に広がるかも知れません。

また、個人番号カードは、先に述べたように顔認証システムで充分使えますから、「マイナンバー制度利活用推進ロードマップ（案）」にあるオリンピック会場などへの入場規制だけでなく、公共交通機関――特に新幹線や航空機――などを利用する際にも、テロ対策などを名目に防犯カメラなどと連動する形で、人々の識別に使われる可能性があります。

もし2020年までに、安全保障関連法に基づき自衛隊が米軍とともに海外で戦闘行為を行えば、国内でのテロが現実味を帯び、たとえ実際にテロが行われなくとも、携帯義務化や顔認証を求める声は一挙に広がるでしょう。

■マイナンバーの先に待っているのは「地獄」？

「法律にはそこまで書いていない」、「政府はそんな説明はしていない」と思われる方もいらっしゃるかも知れません。また、日本は民主主義国家だから、問題のある使い方が出て来れば、その時に止めれば良いという方もいらっしゃるでしょう。しかし、そうした認識は『甘すぎる』と思います。憲法さえ踏みにじる安倍政権ですから、これから何が出て来ても、どのように進められてもおかしくはありません。

もっとも、マイナンバー制度を推進している人たちの思惑や意図が1つにまとまっているとは思えません。これからの方向として「活用推進ロードマップ（案）」は確かに提示されてはいますが、あの絵は推進している人たちの総意ではないでしょう。また、誰か特定の者や組織がすべてを取り仕切っているわけでもないでしょう。省庁や業界の利益や将来、会社の業績、はたまた自分自身の収入や名誉、地位を考えて、それぞれバラバラに絵を描き競い合っているのでしょう。こうしたバラバラな思惑が無責任に絡み、組み合わさることで、それぞれが抱いている想定を超えて、マイナンバーの利活用が広がっていくことは充分考えられます。

政府や企業でマイナンバーの推進に携わっている人の中には、これで日本が良くなると純粋に信じている人もいるでしょう。また、様々な個人情報が名寄せされることで、人々が自動的にプロファイリングされ、シミュレーションされ、役に立つか立たないか判定され、分類、選別されていく、そんなとんでもない監視社会を作ることなど、望んでいる人もおそらくいないでしょう。

しかし、一旦始まってしまえば、推進者の本来の思惑や意図がどうであれ、携わっている一人ひとりがたとえ善人であったとしても、どこまでも暴走していくでしょう。善意で舗装されていたとしても「地獄への道」は地獄へしか通じていないのです。「より良い国民総背番号制度」などはないのです。

5　マイナンバーがもたらす〝超〟監視社会

■私たちは常に「監視」されている

先に、より一層の監視社会化と書きましたが、そもそも監視社会とはどのようなものでしょうか。

今やほとんどの人が携帯電話——もちろんスマートフォンも含めて——を持っています。携帯電話は、常に位置情報を携帯電話会社に自動的に伝えています。携帯電話の位置を監視することで、携帯電話会社は通話やメールのサービスを提供できるのです。

電車に乗る際に、ＳｕｉｃａやＩＣＯＣＡ、ＰＡＳＭＯ、ＰｉＴａＰａなどのＩＣ乗車券を使う人が増えています。ＩＣ乗車券を使うと、いつ、どの駅の改札を通ったかが記録されます。ＩＣ乗車券の情報を読み取られ、記録されることで、すなわちＩＣ乗車券の利用を監視されることによって、私たちは改札を無事通過できるのです。

クレジットカードはどうでしょう。店で支払いに使うと、使った日時や店の名、金額などがクレジット会社に伝えられ記録されます。クレジットカードの利用を監視されることによって、私たちはクレジットカードを使えますし、毎月、正しい請求が行われるのです。

Ｔポイントなどのポイントカードも使う度に、いつ、どこの店で何を買ったのかなどが新たに加えられたポイント数とともにポイント運営会社に記録されます。こちらもカード利用を監視されることによって、私たちはポイントを貯めることができるのです。

駅や商業施設、公共施設、公園、街角、道路など様々なところに防犯カメラが設置されています。私たちは、その前を通ることによってカメラの設置者に情報を提供することになります。これらは言うまでもなく監視のためのものです。

少し奇異に感じられるかも知れませんが、市役所が住民の個人情報を管理しているのも監視の一形態です。誰が住民であるのか、その住民はどんな住民なのかを、常に正確に記録――そのほとんどは住民の届出をもとに――することで、サービスを提供したり、義務を課したり、権利を保障したりすることが可能なのです。

例をあげればきりがありません。銀行のＡＴＭも、インターネットの利用も、高速道路のＥＴＣも、病院での健診や診察も、勤務先や学校に通うことも、それぞれの監視者に対して情報を提供していることになります。これは避けては通ることのできない現実です。

■監視の何が問題なのか

ところで「監視」＝「悪いこと」ではありません。監視には二面性があります。例えば、小さな子どもが公園で遊んでいたとします。子どもの親があなたに、少しの間、子どもを見ていてくれと頼んできました。トイレにでも行くのかも知れません。頼まれたのは子どもの監視ですね。子どもが公園から飛び出して自動車に轢かれないか、公園にいる他の子どもに悪戯をしないか、見張るのがあなたの仕事です。前者は、子どもへの「配慮」であり、後者は子どもの「管理」です。様々な監視は、こうした配慮と管理の二面性を持っています。

携帯電話会社の監視は、サービスを提供する面では配慮であり、通話時間など利用量をカウントする面では管理です。市役所が住民の個人情報を保有しているのも、サービス提供や権利保障の面では配慮であり、義務を課す点では管理です。ですから監視そのものを否定することはできませんし、監視がなければ現代社会は成立し得ません。

「監視」=「悪いこと」でないとするなら、何が問題なのでしょうか。一つは、思想信条などに関わるものまで含まれているのか、知られたくない情報――いわゆるセンシティブ情報――まで含まれているのかといった監視の程度、内容でしょう。

もう一つは、方法です。本人の同意を得ずに得た個人情報をもとに行う場合や、監視自体が公にされていない場合などが該当するでしょう。

そして目的です。例えば、前章で明らかにしたような、マイナンバー制度構築の目的――社会保障の削減、徴税強化など――の不当性です。もっとも、政府の進めている方法での社会保障の削減や徴税強化が正しいという立場もありますから、一概に不当だとは言えないかも知れません。ですから、より正確にいえば、誰がいかなる目的で監視しているのかの問題です。

■監視社会とプロファイリング

話をもとに戻します。監視が日常的に行われている社会を監視社会というなら、私たちの住んでいる日本は、もうすでに「立派」な監視社会です。

ただし、これらの監視は、ほとんどの場合、つながっていません。携帯電話、ICカード乗車券、ポイントカードなどの利用情報は、本人同意のもとで特別につながない限り、それぞれ独立しています。また、こうした情報は、基本的に市役所が持つ住民の個人情報ともつながっていません。ですから監視社会といっても、私たちがいるのは、まだその入口に過ぎないのです。

また監視は「見ているだけ」ではありません。見ることで得た情報をもとに、監視の対象に働きかけることも含まれます。先ほどの子どもが、公園から飛び出し、自動車に轢かれそうになっているとします。この場合、見ているだけで済むでしょうか。放っておけば大変なことになってしまいます。子どもが公園の出入り口に近づけば、外へ飛び出すかも知れない、飛び出せば車に轢かれるかも知れないと、子どもの未来を予測し、事故を防ぐために子どもの手を引っ張るなど、働きかけをしなければなりません。監視には、監視対象への働きかけが伴うのです。

私を監視し、私の個人情報を集め、これをもとに私のあずかり知らないところで仮想的に「私の人格」がコンピューターの上で構築されるプロファイリングも、それだけでは終わりません。働きかけがその後にやって来ます。「私の人格」をもとに、私の未来が予想され、評価され、分類され、時にはリスク管理として、私は排除されるのです。

具体的にいえば、例えば、カルテなどの医療に関わる情報や毎日の生活態度、所得、購買履歴、さらには遺伝子情報といった個人情報を集めることができ、これをもとにプロファイリングが可能になれば、どんな情報をいかなるタイミングで提供すれば、健康食品や健康器具、医薬品を買うのかを予想することができるでしょう。また、医療保険に加入させることのリスクも計算できるでしょう。リスクが大きければ保険料を上げたり、加入を拒否したりという選択もできます。

■個人番号と〝超〟監視社会

プロファイリングをより精緻にし、より正確な未来を予想するには、私たちが生活をする中でまき散らかしている個人情報を名寄せするための「鍵」が必要です。

個人番号は、行政機関が保有する国民の個人情報、特に氏名や住所、生年月日など住民票の情報とつながっており、確実に個人を特定でき、また重複もなければ、番号のない者もいない——実際にはいるわけですが建前としてはいない——という点で、様々な個人情報を名寄せする鍵として最適です。

今後、個人番号の利活用が民間分野へも拡大し、例えば、クレジットカードやポイントカードの利用情報から得た購買履歴や、携帯電話の位置情報やＩＣカード乗車券から得た行動履歴、病院での健診や診察から得た健康情報に、個人番号が紐付けられ、個人番号が名寄せのための鍵として機能するようになれば、極めて精緻なプロファイリングが可能となるでしょう。〝超〟監視社会の到来です。

そこでは、国民一人ひとりについてのプロファイリングが国民総背番号である個人番号を使って行われ、、政府や財界の都合に沿って設定された基準に基づき、私たちは様々に分類され、時には制限されたり排除されたりすること——例えば就職に際し不利な扱いを受ける、航空機への搭乗を断られる、公共施設への立ち入りを制限される、社会保障給付を制限される等々——になるのです。

憲法が保障する基本的人権は、こうして侵害されるのです。

第5章　ではどうすれば？

■あらためてマイナンバー制度とは何かを考えてみた

最後に、マイナンバー制度とは、どのような性格を持つ制度なのかをあらためて考えてみましょう。

第一に、それは国民を特定し追跡する制度です。生涯不変の個人番号により、国民一人ひとりを特定し、誕生から死まで正確に追跡することが可能になります。住民票コードは理由を問わず変更可能でした。しかし、個人番号の変更は不正に用いられるおそれがあると市町村長が認めた場合だけです。さらに、個人番号を変更できたとしても変更履歴――いつ、何番から何番へ変わったか――が残ります。私たちは、個人番号を使った追跡からは逃れることはできないのです。

第二に、精緻なプロファイリングを可能とする制度です。個人番号と紐付けられる個人情報は、今のところ税や社会保障などに関わるものだけです。しかし、政府は利用拡大を計画し、実行に移し始めています。財界も民間分野での利用を強く求めています。個人番号による名寄せが可能となる個人情報が増えれば増えるほど、私たちはより精緻にプロファイリングされることになります。

そして第三に国民を分類、選別、等級化する制度です。個人番号を利用したプロファイリングをもとに、私たちは価値ある人間なのか否か値踏みされ、仕分けられることになります。政府は「真に手を差し伸べるべき者」に社会保障を提供するにはマイナンバーの導入が必要だと説明してきました。裏返せば、差し伸べるべき価値のない人間には社会保障を提供する必要はないということです。財界や大企業も、より的確で効率的なマーケティングやリスク排除のために、消費者としての私たちを分類、選別、等級化することを強く望んでいます。

また、マイナンバーは排除の制度です。今後、私たちは様々な書類に個人番号を書くことを求められるようになり、書くのが当然――義務化の可能性も――となっていくでしょう。住民票が削除されているため付番されていない人や、ＤＶや借金取りから逃れようとして住民票と異なる場所に居住しているため通知が届かず番号を知らない人、そして自らの意思で番号を書かない、告げない人、彼ら彼女らの雇用の継続も新たな就職も、極めてむずかしくなるでしょう。さらに、金融機関などからも排除され、行政が提供する様々なサービスからも排除されることになるでしょう。

氏名よりも番号、本人よりもコンピューターのデータが優先される社会、コンピューターが私のことを私以上に知っている社会、なぜ私はそのように評価され、分類され、排除されるのか分からない社会。そんな〝超〟監視社会が、マイナンバーによりもたらされようとしているのです。

■広がる反対、不安の声

これまで見てきたように、マイナンバー制度は「個人情報が漏れたら困る、恐い」だけではないことは明かです。このまま黙っていたのでは、利用範囲は際限なく拡大し、日本の社会が激変する可能性があります。番号が付番され、制度は確かにスタートしました。しかし、これで「終わり」ではありません。むしろ、利用拡大が進められていく、これからが本番です。

国民の声はどうでしょうか。世論調査を見ると不安の声が驚くほど多いようです。例えば、ＪＮＮの２０１５年10月の調査ではマイナンバーについて「不安だ」が79％である一方、「不安はない」はわずか17％に過ぎませんでした。また日本テレビの10月の調査でも「プライバシーが守られるのか不安なので反対」が56・6％となっています。

期待の声も小さく、9月に朝日新聞が行った調査では、マイナンバーの「メリットに期待する」が34％なのに対し、57％の人が「期待しない」と答えています。また、個人情報が一つの番号で管理されることに対し、抵抗感が「大いにある」33％、「ある程度ある」38％なのに対し、「あまりない」21％しかありませんでした。

また、NHKが10月に行った調査では、マイナンバー制度を「大いに評価する」は4％、「ある程度評価する」は24％。一方「あまり評価しない」は38％、「まったく評価しない」は25％となり、「評価しない」と答えた人は6割を超えています。

テレビ朝日は、「マイナンバーは必要と思うか」を9月と12月の世論調査で聞いています。マイナンバーの利用開始が直前に控えているにもかかわらず、「必要と思う」は28％から21％へと減少し、「思わない」は逆に58％から65％へと増えています。

■廃止の可能性はあります

こうした不安や評価できないとの世論を背景に、マイナンバー制度に反対する運動は、ゆっくりですが確実に広がり始めています。

2015年2月に結成された「共通番号いらないネット」（私も世話人の1人）は、地道に全国で講演会や学習会を行うとともに、番号制度の問題点を分かりやすく書いたリーフレットなどを配布し、デモや集会も行ってきました。また、8月には全国労働組合総連合（全労連）、東京地方労働組合評議会（東京地評）、東京土建一般労働組合、自由法曹団などによる「マイナンバー制度反対連絡会」が結成されました。番号制度の廃止を求める署名運動も全国商工団体連合会（全商連）や、マイナンバー制度反対連絡会によって取り組まれています。さらに、12月1日には、マイナンバー制度は自己情報コントロール権を侵害しており憲法違反だとの提訴が、仙台、新潟、東京、金沢、大阪において行われました。

残念ながら政党でいえば反対派は、共産党、社民党、生活の党と山本太郎となかまたちなど少数です。最大野党の民主党は、マイナンバー推進の立場です。しかし、固定的に見る必要はありません。制度のあまりにも酷い有様や、世論の動向を見て、民主党も変化する可能性はあります。全国津々浦々から「マイナンバー制度の利用は直ちに中止し、廃止を」のスローガンを掲げ、草の根からの運動を広げていきましょう。特に、重要なのは、個人番号カードの利用拡大をストップさせることです。「必要ないので申請しないように」だけでは、残念ながら止まりません。健康保険証に使うように仕向けられれば、拒否することは困難になります。利用拡大させないための具体的な運動が、今こそ必要ではないでしょうか。

一旦始まった制度でも、イギリスのように廃止できる可能性はあります。まだ希望を捨てる時期ではありません。

主な参考文献

エドゥィン・ブラック『ＩＢＭとホロコースト』柏書房、２００１年
白石孝、石村耕治、水永誠二編著『共通番号の危険な使われ方』現代人文社、２０１５年
石村耕治『納税者番号制度とプライバシー』中央経済社、１９９０年
伊藤周平『「構造改革」と社会保障』萌文社、２００２年
伊藤周平『社会保障改革のゆくえを読む』自治体研究社、２０１５年
岡村久道『番号利用法　マイナンバー制度の実務』商事法務、２０１５
小澤眞人、ＮＨＫ取材班『赤紙』創元社、１９９７年
小俣和一郎『ナチス　もう一つの大罪』人文書院、１９９５年
佐野誠、森下直貴『「生きるに値しない命」とは誰のことか』窓社、２００１年
芝田英昭編『安倍政権の医療・介護戦略を問う』あけび書房、２０１４年
芝田英昭『国保はどこへ向かうのか　再生への道をさぐる』新日本出版社、２０１０年
住民行政の窓編集部編『通知カード・個人番号カードの交付等に役立つ　窓口事務必携！』日本加除出版、２０１５年
白石孝『マイナンバー制度　番号管理から住民を守る』自治体研究社、２０１５年
田島泰彦、石村耕治、白石孝、水永誠二編『共通番号制度のカラクリ』現代人文社、２０１２年
デイヴィッド・ライアン『監視スタディーズ』岩波書店、２０１１年

平松毅『個人情報保護　理論と運用』有信堂、２００９年
吉田敏浩『赤紙と徴兵』彩流社、２０１１年
吉田裕『日本の軍隊』岩波新書、２００２年
ロバート・オハロー『プロファイリング・ビジネス』日経ＢＰ社、２００５年

おわりに

本書の大部分は、２０１５年12月に執筆しました。通知カードの交付は、１割程度は届いてはいませんが、一応終わったことになっています。

そして年が明け、個人番号の利用が始まりました。書店の棚に本書が並ぶ頃には、どうなっているでしょう。市役所の窓口で番号を書く、書かないでもめたり、個人番号カード交付の際の顔認証でトラブルが起きたり、勤務先に個人番号を告げたくない人がたくさん出て来て問題になったりしているかも知れません。ひょっとすると、個人番号の流出や、個人番号カードの不正取得事件が既に起き大騒ぎに――もちろんそんなことはない方が良いのですが。

本文でも触れましたが、マイナンバーは制度的におかしなところや、準備が整っていないことがたくさんあります。ですから何が起きても不思議ではありません。また、利用拡大を図る新たなとんでもない話が浮上しているかも知れません。

今、必要なことは何でしょうか。多くの人たちは、マイナンバー制度に不安を感じ、利用拡大だけでなく制度そのものに反対しています。が、そうした声は、残念ながら廃止を目指す大運動を巻き起こすまでには至っていません。推進側は急ピッチで利用拡大を進めています。のんびり構えている時間はありません。このままでは日本は、〝超〟監視社会になってしまいます。

しかし、だからといって悲観するには、まだ早過ぎます。個人番号の利活用はもちろん、机の上だけで考えただけの拡大策もすんなりと進むはずがありません。日を追うごとに問題が出て来るのは間違いないでしょう。

吹き上がってくる問題をマイナンバーの廃止運動に結びつけて行くには、そうした問題の多くは、制度そのものにある矛盾から生じていることを理解しておく必要があります。小手先の改善ではどうにもならないのです。また、目的そのものが不当だということも知っておく必要があるでしょう。そうした点において、本書が少しでも役立てばと思います。

最後に、本書の企画を提案し、出版していただいた日本機関紙出版センターの丸尾忠義さんへの感謝の意を表したいと思います。ありがとうございました。

2016年1月

黒田　充

【著者紹介】

黒田　充（くろだ　みつる）

1958年大阪市生まれ。自治体情報政策研究所代表。大阪経済大学非常勤講師（地域情報論）。

大阪府立大学工学部電気工学科卒業後、松原市役所に就職し税務などに携わる。1997年に退職し立命館大学大学院社会学研究科へ進学、修士号取得。

著作に、『「電子自治体」が暮らしと自治をこう変える』（自治体研究社、2002年）、『2011年、テレビが消える』（自治体研究社、2006年）、『Q&A共通番号　ここが問題』（自治体研究社、2011年）、『共通番号制度のカラクリ』（現代人文社、2012年、共著）などがある。


マイナンバーはこんなに恐い！　国民総背番号制が招く“超”監視社会

2016年2月25日　初版第1刷発行

著者　黒田　充
発行者　坂手　崇保
発行所　日本機関紙出版センター
〒553-0006　大阪市福島区吉野3-2-35
TEL06-6465-1254　FAX06-6465-1255
DTP　Third
印刷・製本　シナノパブリッシングプレス
編集　丸尾忠義

ISBN978-4-88900-918-7